Marcus Hußmann I Timm Kunstreich (Hrsg.)
Membership und soziale Gerechtigkeit

Marcus Hußmann | Timm Kunstreich (Hrsg.)

Membership und soziale Gerechtigkeit

Der Hans-Falck-Reader

Bibliografische Information der Deutschen Nationalbibliothek
Die Deutsche Nationalbibliothek verzeichnet diese Publikation in der
Deutschen Nationalbibliografie; detaillierte bibliografische Daten sind
im Internet über http://dnb.d-nb.de abrufbar.

© 2015 Beltz Juventa · Weinheim und Basel
Werderstraße 10, 69469 Weinheim
www.beltz.de · www.juventa.de
Herstellung und Satz: Ulrike Poppel
Druck und Bindung: Beltz Bad Langensalza GmbH, Bad Langensalza

Printed in Germany

ISBN 978-3-7799-3322-9

Inhalt

Einführung und Übersicht

Marcus Hußmann und Timm Kunstreich

Dieser Reader verfolgt eine dreifache Intention.

Die erste ist, der Auseinandersetzung um die Frage, wie sich Individuum und Gesellschaft zueinander verhalten, eine in dieser Deutlichkeit ungewohnte Antwort zu geben, denn Hans Falck hat sich nichts Geringeres vorgenommen, als die alte Dichotomie dieser beiden Begriffe in neuer Weise „aufzuheben". Das von ihm entwickelte Membership-Konzept verwirft diese Dichotomie, bewahrt aber zugleich den aufeinander bezogenen Sinngehalt beider Begriffe – und hebt die Debatte auf diese Weise auf eine neue Stufe.

Die zweite Intention will einen Menschen bekannt machen, dessen Lebensweg und Lebensphilosophie beispielhaft für den Zusammenhang von politisch-kultureller und wissenschaftlicher Erfahrung steht. Hans Falck hat beide Bereiche in einer Weise miteinander verbunden, die zugleich aber auch ihre Differenz markiert. In den beiden Grundprinzipien seiner Membership-Theorie, der konstanten Verbundenheit und der bedingten Zugänglichkeit/des bedingten Zugangs, sind sowohl analytisch-wissenschaftlich Grundlagen als auch ethische Handlungsoptionen enthalten.

Die dritte Intention zielt auf uns selbst, die Generationen der Nachgeborenen in der deutschen Tätergesellschaft. Wir können uns die Motive für unsere Positionierung zur Shoah nicht von den Opfern leihen oder in der Abwehr der Tätergeneration verharren; wir müssen eigenständige Gründe für eine überzeugende Praxis haben, „dass Auschwitz nie wieder geschehe" (Adorno). Die seit 2009 durchgeführte jährliche Hans-Falck-Vorlesung an der Evangelischen Hochschule für Soziale Arbeit und Diakonie Hamburg soll einen Ansatz dazu sein, nicht zuletzt auch deshalb, um angesichts der Verstrickungen des Rauhen Hauses mit dem Nationalsozialismus im „Mustergau Hamburg" eigene Formen des Erinnerns und Gedenkens weiter zu entwickeln.

Lebensweg und Lebensphilosophie von Hans Falck

Am 26. Januar 1923 wurde Hans Falck in Hamburg geboren. Sein Vater war Handelsvertreter und deutsch-national. Da er noch 1935 eine Tapferkeitsauszeichnung für seine Beteiligung im Ersten Weltkrieg erhalten hatte, konnte er sich nicht vorstellen, dass seine Zugehörigkeit zum Judentum ihm das Leben kosten könnte. Hans musste Mitte der Dreißigerjahre die Bismarckschule in der Nachbarschaft verlassen und den langen Fußweg zur Talmut Thora Schule antreten. Er berichtete, dass er einmal Hitler von weitem gesehen habe. Ihn erschreckte und ängstigte die fanatische Begeisterung auch seiner gesamten Nachbarschaft. Lange Zeit weigerte sich der Vater, Deutschland zu verlassen. Erst auf Druck seines Arbeitgebers gelang es, ihn zur Flucht zu bewegen. Mit einem der letzten Schiffe konnte Hans Falck mit seinen beiden Brüdern und den Eltern Ende September 1939 von Rotterdam aus in die USA fliehen. Flucht und Vertreibung – Hans Falck nannte es stets „Austreibung" – wurden das Schlüsselthema seines Lebens. Hans hatte nach der Schulentlassung etwas Tischlern gelernt (eine richtige Ausbildung war ihm verwehrt), seinen Hobel nahm er mit in die USA als Symbol dafür, etwas Nützliches tun zu wollen. Insbesondere der Vater tat sich schwer mit der neuen Situation, die drei Jungen hatten es leichter. Hans ging in die Armee, wurde Unteroffizier in einer politischen Abteilung und nahm nach dem Sieg über den Faschismus an der Vorbereitung des Nürnberger Prozesses teil. Nach der Entlassung aus der Armee 1946 holte er in sechs Monaten den Highschool-Abschluss nach, machte seinen Bachelor in Literatur, wo er den Stoff von vier Jahren in zweieinhalb Jahren bewältigte. 1950 erwarb er den Master of Art in deutscher Literatur, 1953 den Master of Social Work. Schon während seiner Studienzeit arbeitete er in verschiedenen Stellen als Groupworker und als Gemeinwesenarbeiter.

Seinen Wechsel zur Sozialarbeit begründet er so: „Ich bin ein Jude, ein Flüchtling, und ich bin in die Sozialarbeit gegangen, um mit der Nazizeit zurechtzukommen. Ich dachte noch damals, wie ich auch heute noch denke, dass wenn man gerettet wird, und dieses sonderbare Land es fertig gebracht hat, mich und so viele andere zu retten, dass ich dieser Gesellschaft etwas schuldig bin. Ich wollte die Welt verbessern. Viele von meinen gleichaltrigen Kollegen sind aus denselben Gründen in die Sozialarbeit gegangen" (Schumann 1995, S. 83). Falck kannte unter anderem Walter Friedländer, Gisela Konopka, Hertha Kraus und schätzte sie sehr. Im Unterschied zu ihnen allerdings weigerte er sich, nach Deutschland zurückzukehren, solange die Nazi-Generation noch in Amt und Würden war.

Bereits 1954 – ein Jahr nach seinem Master Abschluss – wird er Professor an der School of Social Work in Buffalo, 1960 promoviert er an der Syrakus University. Nach wissenschaftlichen Stationen in Saint Louis, Maryland und an der berühmten „Menninger Foundation" in Kansas wird er 1978 an die Virginia Commenwealth University in Richmond berufen, wo er seit 1979 eine Doppelprofessur für Psychiatrie (am Medical College of Virginia) und Sozialarbeit (an der School of Social Work) innehatte. „Seit Mitte der 70er Jahre zeigt die Publikationsliste von Hans S. Falck den Versuch, über das alte groupwork hinaus ein radikalisiertes Gruppenverständnis zu formulieren. Es ist das Membership-Prinzip, in welchem sich die Erfahrung der Bürgerrechtsbewegung der 60er Jahre und ihrer Leitidee einer ‚participatory democracy‘ sowie der in den 70er Jahren entstanden Ökologiebewegung mit ihrer Betonung von Lebenszusammenhängen und sozialen Netzen niederschlagen und bei Hans S. Falck ein radikalisierte Verständnis von Gruppe (auf der Ebene einer anthropologischen Bestimmung sozialer Existenz: das menschliche ‚ich‘ als ein Aspekt des ‚wir‘) und zugleich ein neues Verständnis sozialer Arbeit signalisieren: Sozialarbeit als Befähigung (‚empowerment‘) des Klienten, seine Zugehörigkeit (‚membership‘) in Nachbarschaft, Gemeinde und Gesellschaft zu leben und seine Kompetenzen zu stärken“ (Schumann 1995, S. 85 f.). 1988 erscheint sein Hauptwerk „Social Work – The Membership Perspective“, das 1995 ins Italienische und 1997 ins Deutsche übersetzt wird.

1993 wird Hans Falck emeritiert; er stirbt am 29. Juni 2014. In einem der Nachrufe heißt es: „(The Membership Perspective) is a loving sense of responsibility. Not charity, but social justice. It is a sense of community that enables people to communicate and help each other.“

Der Kontext der Membership-Theorie

Es gibt viele Vorschläge und Modelle, wie Strömungen und Positionen in der Sozialen Arbeit eingeordnet werden können. Nach wie vor gibt es immer noch eine Reihe von Unklarheiten, so zum Beispiel die tatsächlichen oder zugeschriebenen Unterschiede zwischen Sozialpädagogik und Sozialarbeit. Lange Zeit schien es so, als ob die Sozialpädagogik sich durchsetzen würde (die entsprechenden Fachhochschulen und Fachbereiche der Siebzigerjahre trugen die Bezeichnung „Sozialpädagogik“). In dem Maße allerdings, in dem aus den Fachhochschulen Hochschulen für angewandte Wissenschaften und Ähnliches wurden, etablierte sich der Begriff Soziale Arbeit als Kompromiss zwischen einer (fachhochschulspezifischen) Sozialarbeit(swissenschaft) und einer (universitären) Sozialpädagogik.

In seiner Einführungsvorlesung zum Gastsemester an der Universität-Gesamthochschule Siegen am 1. Februar 1996 macht Hans Falck deutlich, dass Soziale Arbeit, will sie im Konzert der Wissenschaften eine gleichberechtigte Rolle spielen, ihre eigenen Grundpositionen kritisch durchleuchten muss. Unter der Überschrift: „Das Individuum und die Soziale Arbeit: Ethik und Wissenschaft“ entwickelt er seine Kritik der vorherrschenden Deutung von Individualität und entwirft zugleich die Grundzüge der Membership-Theorie, die Personalität und Sozialität vereint, ohne deren Differenz zu negieren. Zugleich macht er deutlich, dass eine kritische Analyse des Individualismus als Ideologie nicht nur wissenschaftlich fruchtbar ist, sondern auch in ihren Handlungsoptionen für eine Ethik respektvoller Gemeinsamkeit.

In der 1. Hans-Falck-Vorlesung am 8. Oktober 2009 nimmt Timm Kunstreich diesen Faden auf und prüft, inwieweit sich das Membership-Konzept von Hans Falck mit dem des dialogischen Prinzips von Martin Buber verschränken lässt und wie beide zu einer kritischen Fundierung einer partizipativen Sozialen Arbeit beitragen können.

Marcus Hußmann geht in seiner Einführung in das Fachgespräch vom 31.10.2008 und in der 2. Hans-Falck-Vorlesung vom 7. Oktober 2010 der Frage nach, ob und wie der Membership- Ansatz für eine theoretische Fundierung empirischer Forschungen geeignet ist. Beide Texte hat er hier zusammengeführt und am Beispiel seiner eigenen Untersuchung über Jugendliche am Hamburger Hauptbahnhof die Fruchtbarkeit der Membership-Idee für kritische empirische Forschung deutlich gemacht.

„Etwas Neues – das finde ich gut!" Dieser spontane Ausruf von Regina Rätz zu Beginn des Fachgespräches über die Bedeutung des Membership-Konzeptes in der Sozialen Arbeit unterstreicht auf der einen Seite die Neugier und das Interesse an diesem Konzept, fordert auf der anderen Seite aber auch auf, nach der kritischen Tiefe des Ansatzes zu fragen, wie Heinz Sünker das mit Bezug auf die Tradition des Radical Social Work in diesem Gespräch tut. Marcus Hußmann und Timm Kunstreich bringen ihre ersten Erfahrungen mit diesem Ansatz ein.

In der 3. Hans-Falck-Vorlesung am 7. Oktober 2011 fragt Susanne Maurer nach den Möglichkeiten und Schwierigkeiten, Gesellschaftskritik mit professioneller Kooperation zu verbinden. Sie thematisiert damit eine Facette, die in den bisherigen Beiträgen nur wenig berücksichtigt wurde, nämlich das unmittelbare Erleben von Membership, vor allem das praktisch untrennbare, aber analytisch zu unterscheidende Zusammenwirken von körperlichen, seelischen, sozialen und kulturellen „Komponenten" (Hans Falck).

Dass und wie das Membership-Konzept ein Gegengewicht gegen die sozial-administrative Schlagseite der Sozialraum-Diskussion werden kann, untersucht Timm Kunstreich in der 4. Hans-Falck-Vorlesung am 7. Oktober 2012 und entwirft auf der Basis des Membership-Ansatzes Optionen für ein Arbeitsprinzip Partizipation in der Sozialen Arbeit.

Wie Hans Falck schon in seiner Antrittsvorlesung in Siegen deutlich macht, ist das Membership-Konzept nicht zu trennen von seinen religiösen Wurzeln in Judentum und Christentum. Die rabbinischen Traditionen in der Sozialen Arbeit untersucht Susanne Zeller sehr grundlegend, indem sie den mittelalterlichen Sozialphilosophen Maimonides und den frühen neuzeitlichen Reformer Juan Luis Vives vorstellt, den Membership-Ansatz von Hans Falck darin einbettet und so Verbindungslinien zu heutigen Tendenzen in der Professionalisierung Sozialer Arbeit herausarbeitet.

Als Erinnerung daran, dass Hans Falck mit seiner wissenschaftlichen Arbeit auch weit in unterschiedliche Praxisfelder hineingewirkt hat, haben wir exemplarisch eine der ebenfalls jährlich zu Ehren Hans Falcks stattfindenden Vorlesung in seiner Heimatstadt Richmond als Dokument aufgenommen. Diese Vorlesungsreihe wird von dem Settlement William Byrd Community House durchgeführt, in dem Hans Falck als Mitglied, Unterstützer und Ratgeber gewirkt hat. Laia Katz vertieft in gewissem Sinne die Untersuchung von Susanne Zeller, indem sie das innere Band zwischen jüdischer Religiosität und sozialer Gerechtigkeit herausarbeitet.

Literatur

Schumann, Michael (1995): Hans Falck: Plädoyer für eine Sozialarbeitswissenschaft. In: Wieler, Joachim/Zeller, Susanne (Hrsg.): Emigrierte Sozialarbeit. Freiburg. S. 76–88 Hans S. Falck

Das Individuum und die Soziale Arbeit: Ethik und Wissenschaft[1]

Hans S. Falck

Das wesentliche Merkmal einer wirklich professionellen Sozialarbeit ist die wissenschaftliche Forschung, publiziert in Zeitschriften und Büchern in großer Fülle und internationaler Verbreitung. Alle, die ein Herz haben, das heißt menschliche Sympathie mit den Leidenden verbinden mit diszipliniertem Denken und Forschen, begrüßen diese Tatsache. Intellektuell selbstbewusst, so weit wie möglich mit universalem Blick, praktiziert der theoretisch Informierte, ausgestattet mit seiner und ihrer Fähigkeit zu beobachten, zu hören und zu sehen, und dem wunderbaren menschlichen Talent, nicht nur Daten, sondern auch Ideen und Erfahrung nahtlos miteinander zu verbinden. Dieser Aufsatz wird der Übung gewidmet, etwas zu verstehen, was – empirisch gesehen – nicht besteht; man könnte sogar sagen, was nicht bestehen kann. Der Brennpunkt der vorliegenden Arbeit zielt auf einen Kernbegriff der Sozialen Arbeit, nämlich das Individuum. Er ist einer der Hauptbausteine in der Entwicklung eines Begriffs vom Menschen überhaupt. Er ist schon lang vor der Aufklärung tief im Gewebe der jüdisch-christlichen Tradition verwurzelt. Im wissenschaftlichen Leben ist die Fähigkeit, im Stil des methodischen Individualismus zu denken, von einer so universalen Bedeutung, dass es fast unmöglich scheint, ohne damit auskommen zu können.

Das Individuum ist also mehr eine Sache der Vorstellung und, wie wir zeigen werden, eines religiös basierten Glaubens als eine beweisbare Tatsache.

Die Bedeutung des Individualismus in der amerikanischen Sozialen Arbeit ist so groß und wichtig, dass der Versuch, ihn in irgend einer Weise zu hinterfragen, äußerst ungewöhnlich erscheint, obwohl in den letzten Jahren zunehmend Veröffentlichungen publiziert wurden, die genau das vorhaben.

Die Begriffe Individuum, Individualisierung, Individualismus werden mit größter Flexibilität verwendet. Dieser Begriffe bedienen sich Liberale ge-

---

1 Antrittsvorlesung von Prof. Dr. Hans Siegfried Falck zu seinem Gastsemester am Forschungsinstitut für Geistes-und Sozialwissenschaften der Universität-Gesamthochschule Siegen am 1. Februar 1996 – bearbeitet von Timm Kunstreich. Die Vorlesung erschien in eigener Bearbeitung in der Zeitschrift der Universität Siegen SI:SO (2/1996, S. 27-32) zusammen mit einem Interview mit Hans Falck (S. 65-69).

nauso wie Konservative. Das Individuum ist die Basis für Vorstellungen und Begründungen der politischen Freiheit. Seine Verwendung rechtfertigt die Abtreibung und dient gleichzeitig als Parole für die konservativste Art religiöser Bekenntnisse. Der Individualismus ist das öffentliche Podest, auf dem der Kapitalismus ruht. Er vermittelt die Zustände, die eine demokratische Gesellschaft sichern, und gleichzeitig hinterfragt er die Macht des Staates. In der amerikanischen Sozialen Arbeit ist auch der Klient fast immer ein Individuum, auch wenn soziale Leistungen in Gruppen und durch die Gemeinschaft erbracht werden. Und für die meisten Amerikaner sind Vorstellungen über Leben und Tod immer als höchst individuell konnotiert. Es reicht eben nicht aus, den Individualismus allein aus wissenschaftlichen Gründen abzulehnen. Mehr als das ist nötig. Zuerst aber muss er überhaupt verstanden werden.

Viele der großen Ideen unserer Zivilisation bestanden schon vor mehr als 2000 Jahren. Ein Rückblick ermöglicht uns eine Perspektive, die für deren Verständnis unerlässlich ist. Wenn man hier von einer Art Geburt sprechen kann, erkennt man, dass das Maßgebliche aus jüdischen und christlichen Wurzeln entstand. Beide haben sich, wie wir zeigen werden, gegenseitig ergänzt – das Christlich-Individuelle und das Jüdisch-Gemeinschaftliche.

Zu dieser Perspektive gehören weitere Begriffe wie: der Arme, die Gebende, der Spender, die Empfängerin, die Gemeinschaft, das Leben und das Überleben, die Erlösung, die Person, das Geld, das heile Dach, das Essen. Und auch: Menschenrecht, persönlicher Stolz, Scham, Pflicht und Verantwortung, mein und dein, Arbeit, Lebensschutz, mehr und weniger, Himmel und Erde.

Fehlen dürfen aber auch nicht: Klient, Sozialarbeiterin, der selbstdisziplinierte, professionelle Helfer, Haushalt, Politiker, Generosität, Geiz, institutionalisierte Verwirrung, das soziale System, Soziale Ethik und „die da" und natürlich das unteilbare, einmalige Individuum. Und nicht zu vergessen: die hierarchische Macht.

Die damit verbundenen Konzepte sind oft als grundsätzlich zu verstehen, das heißt grundsätzlich im Sinne von Lebensnotwendigkeit und kommunaler Verankerung – jedenfalls in der Kulturanthropologie des Westens. Das Konzept Individuum passt gut dazu. Und da die Soziale Arbeit an allem interessiert ist, was mit Lebensnotwendigkeit zu tun hat, besteht sie seit sehr langer Zeit darauf, den Hilfeempfänger immer mehr als Individuum anstatt zum Beispiel als Klasse oder als eine Kategorie von Menschen zu verstehen.

Etwas anders formuliert können wir sagen, dass die Art und Weise, wie wir im Westen die einzelne Person verstehen, verrät, wie wir die Soziale Arbeit verstehen. Dieses Thema betrifft aber nicht nur die Soziale Arbeit – eine Tatsache, die an und für sich interessant wäre. Die wahre Bedeutung liegt darin zu entdecken, dass die Soziale Arbeit der ganzen Gesellschaft gehört (und diese auch widerspiegelt) und nicht nur den Mitgliedern eines bestimmten Berufes. Eingeschlossen in diesem Gedankengang sind die gesamten sozialen Leistungen, egal ob es nun Sozialpädagogik oder Klinische Arbeit, Krankenversicherung und Gesundheitsversorgung ist. Immer wieder stellt sich die Frage, wie man das Individuum konzipiert und versteht. Die deutsche Soziale Arbeit teilt die Fragen, die hier angesprochen werden, mit der englischen und auch der amerikanischen, mit der skandinavischen und mit der in Israel, Kanada, das heißt, mit allen denen, die von christlicher und jüdischer Tradition beeinflusst werden oder sich sogar danach definieren. Von Anfang an steht die Soziale Arbeit unter dem Banner der Ambivalenz der Bevölkerung, die sie auf der einen Seite finanziert und trägt, sie am Leben hält und die sich auf der anderen Seite niemals ganz sicher ist, ob die Hilfe wirklich hilft und ob die Empfänger ihrer wert sind. In der Welt des Westens muss das Hilfegeben und -erhalten immer begründet werden; selbstverständlich ist es fast nie. Ammerman bemerkt zu diesem Aspekt, dass „das Evangelium und die Erlösung individueller Seelen das Herzstück der Botschaft bleibt, die die Fundamentalisten im späten 20. Jahrhundert der amerikanischen Bevölkerung bringen" (Ammerman 1995, S. 5). Peter Brown spricht in seiner Diskussion über den Individualismus in der frühen Kirche wie folgt: „Paulus verkündete, dass alle Mitglieder der Gesellschaft die gleiche einfache Identität besitzen, alle gleichsam als ‚Söhne Gottes neu in Christi' sind" (Brown 1987, S. 257). Und weiter: „Die Individualisierung ergibt sich aus der Eintracht der religiösen Gemeinschaft" (Brown 1987, S. 263).

Die heutige amerikanische Soziale Arbeit sowie auch verwandte Berufe bilden eine Brücke zwischen der frühen Erscheinung des Individualismus – besonders im Christentum – und der hochentwickelten Version, die das moderne Leben heute bestimmt. Darin sind vier weitere Aspekte oder Charakteristika eingeschlossen, die zusammen gesehen das Individuum definieren: das Unteilbare (indivisibility), das Einzigartige (uniqueness), das Selbstbestimmte (self-determinative) und das Autonome (autonomy).

Was die *Unteilbarkeit* betrifft, ist das Individuum der Ausdruck des nicht weiter Reduzierbaren und steht, so der grundlegende Gedankengang, sowohl am Anfang als auch am Ende des Lebensprozesses, also immer allein. Das Individuum kommt alleine, ist alleine im Tod, trägt sein Leben mehr oder weniger alleine, es hat seinen grundsätzlichen menschlichen Wert in und von und nur durch sich. Am Ende des Lebens steht das christliche Individuum vor Gott, dem Herrn, zusammen mit der Hoffnung auf himmlische Belohnung und ewiges Leben. Von großer Wichtigkeit ist es, die Tatsache gebührend zu werten, dass die letzte Entscheidung, die wirklich zählt, im Himmel und nicht auf Erden fällt.

Was die *Einzigartigkeit* angeht, ist jeder Mensch unwiederholbar und kaum vergleichbar mit anderen; jeder ist, wenn auch anderen Menschen grundsätzlich ähnlich, eine einzigartige Kreatur, die auch deshalb in keiner Weise nachmachbar oder ersetzbar ist.

Das *Selbstbestimmungsrecht* hat im demokratischen Westen eine Bedeutung wie kaum eine andere Idee. Sie hat einen sehr großen Einfluss auf das tägliche Leben wie auch auf die professionelle Arbeit in vielen Berufen. Es ist danach das Recht eines jeden Individuums, über ihr oder sein eigenes Leben Entscheidungen zu fällen. Es gilt als grundlegendes Menschenrecht. Diese Idee steht mehr als die allermeisten anderen in der amerikanischen Sozialen Arbeit im Mittelpunkt.

Was die *Autonomie* betrifft, erkennt der Individualismus nicht nur das Recht zur Selbstbestimmung an, sondern auch das Recht der Kontrolle über den eigenen Körper und die eigene Seele. Der Mensch kann sich mit eigenem Namen, eigener Identität und eigener Autorität durchsetzen; er kann sich anderen und sich selbst gegenüber stehen; und er kann sich selbstbewusst verbessern. Stark geformt von bedeutenden Schriften eines John Locke, Thomas Hobbes und John Stuart Mill erreichte der englische Individualismus eine Stärke und einen Einfluss auf das politische, private und professionelle wie auch das wissenschaftliche Leben, der bis zum heutigen Tage eine maßgebende Wirkung hat.

Die Charakteristika der Unteilbarkeit, der Einzigartigkeit, des Selbstbestimmungsrechts und der Autonomie definieren das Individuum nicht nur im amerikanischen, sondern auch anderen westlichen Selbstverständnissen Sozialer Arbeit. Das Ziel ist die Unabhängigkeit von anderen, die – hoch bewertet – besonders in den Vereinigten Staaten das ideale Bild des erfolgreichen Menschen darstellt.

Aber es ist gerade die wissenschaftlich belegte Feststellung, dass die Natur dieses Bild ablehnt, das Tatsache und Ideal in dauernden Konflikt bringt und hält. Im 20. Jahrhundert ist dieses Bild stark von psychoanalytischen Einflüssen gekennzeichnet, aber in starkem Maße auch von sozialwissenschaftlichen Ansätzen. Kombinationen von schon angedeuteten politisch-philosophischen und psychologischen Individualismustheorien und -überzeugungen definieren das Menschenbild im Allgemeinen wie in den helfenden Berufen; sie beeinflussen die Art und Weise professioneller Interventionen in das Leben der Klienten. In gewisser Weise bestimmen sie, wie der Klient „aussieht", wie die Profis handeln, oft in der Tat in seinem „Namen"; und tatsächlich beeinflusst die Darstellung des Abhängigen seitens der Gesellschaft auch die Darstellung, das heißt den Ruf des professionell Helfenden, wie in unserem Fall, des Sozialarbeiters.

Wer fragt, wie diese Betrachtungen über den Individualismus praktisch werden, begibt sich auf ein höchst kontroverses intellektuelles Gebiet. Da die logische Denkart über das Individuum zentripetal ist (im Gegensatz zu zentrifugal), kann man beobachten, wie Aussagen über Individuen einen gewissen Drang nach innen haben, das heißt, dass man nach der Essenz eines jeden Menschen in seinem Inneren sucht. Dadurch merkt man aber auch bald, dass Unteilbarkeit, Einzigartigkeit, Selbstbestimmung und Autonomie eine dominierende Einseitigkeit in der Darstellung des psychosozialen Lebens vermitteln. Man merkt, dass weitere Konzepte und deren Ansätze gebraucht werden, um den „ganzen Klienten" darzustellen. Es kann weder eine Soziale Arbeit noch viele andere Berufe geben, besonders solche aus den Human- und den Sozialwissenschaften, die das sogenannte „Kollektive" aus verschiedentlichen Gründen ignorieren, wie schon Mitte des 19. Jahrhunderts der Franzose Alexis de Tocqueville auf einem längeren Besuch in den Vereinigten Staaten beobachtete: „Zugehörigkeit heißt Abhängigkeit" (de Tocqueville 1840, S. 104).

Sobald man mit *wissenschaftlicher* Methodik an die Untersuchung des Individualismus und der darauf basierenden Vorstellungen über das Individuum herangeht, entdeckt man nicht nur, dass es das Individuum in der eben beschriebenen Weise nicht gibt, sondern es so auch nicht geben kann. Wir haben es auch schon bemerkt: Menschen „teilen", und zwar als Lebensnotwendigkeit – zu ihren Gunsten und auch zu ihren Ungunsten. Wir werden von dem, was andere geben können, „beschenkt". Jeder Mensch ist von anderen abhängig, was niemals deutlicher als durch die Humangenetik tagtäglich dargestellt wird. Milliarden von Körperzellen sind in der molekularen Nahrung von anderen abhängig. Das ist nicht, weil sie es „wollen", sondern es ergibt sich aus der biologisch bestimmten Struktur der Aufnahme und Abgabe von Stoffen. Dies basiert auf der Tatsache, dass zellulare Membrane semi-permeabel und deshalb durchlässig sind. Ohne diese Durchlässigkeit, die sich im Prinzip der dauernden Verbundenheit manifestiert und sich nicht nur in der molekularen Biologie wiederholt, ist das Leben einfach unmöglich. Dasselbe gilt in Beziehung für Persönlichkeitstheorien, besonders für die Objekt-Relationstheorie. Hier finden wir, dass das Ego eines jeden in einer Weise entwickelt ist, dass es gleichzeitig Relationen internalisieren lässt, die das Ego selektiv schützen und die zugleich der Person die Möglichkeit bieten, ständig mit anderen in Kontakt zu sein und bleiben. Beides ist, wie schon gesagt, eine fundamentale Lebensbedingung. Dasselbe wiederholt sich im Prinzip in der Kleingruppe, wie zum Beispiel der Familie, und endlich auch in der Art und dem Inhalt der kulturell gebilligten Bedeutungen, die wir Geschehnissen zumessen.

Der Begriff für diese Betrachtungen über alle und jeden Menschen heißt *Zugehörigkeit* oder, amerikanisch ausgedrückt, *Membership*. Die Theorie, die das erklärt und dokumentiert, wird *Zugehörigkeitstheorie* oder *Membership-Theorie* genannt, die klar und konsequent feststellt, dass das, was sie beschreibt und erklärt, den Hauptelementen der Individualismustheorien kategorisch widerspricht.

Das kommt daher, dass die Definitionskriterien des Individualismus, sobald man sie näher studiert, zusätzliche Annahmen und Ausnahmen erfordern. Diese wiederum verwässern die pure Form des Individuums – die Unabhängigkeit des Autonomen, des Selbstbestimmten, des Unteilbaren, des Einzigartigen.

Zugehörigkeit ist das Herz jüdischer Tradition sowie der allgemeinen Sozialen Arbeit. Wir zitieren Sachs, den Oberrabiner des Britischen Commonwealth: „Juden sind in einer ganz besonderen Gemeinschaft miteinander verbunden, und diese Tatsache hat wenig Platz für radikale Vorstellungen über den Individualismus" (Sachs 1993, S. 215). Und weiterhin informiert Sachs uns: „Inklusion ist der Glaube, dass der Bund mit dem jüdischen Volk gemacht wurde, nicht nur mit einzelnen gerechten Individuen. Man kann einer Volksgruppe beitreten oder auch austreten, durch Austritt oder durch Taufe. Aber die allgemeine Glaubensart wird durch die Geburtsgemeinde dargestellt und durch die Weiterverbreitung der Tradition innerhalb von weiteren Generationen. Das ist der Grund, dass die zentralen Institutionen des Judentums, die Familie, die *Kehilla* (Gemeinschaft), und Erziehung als Einführung (*Chinukh*) in das Volk und dessen Vergangenheit und Gesetze sind" (Sachs 1993, S. 215).

Wir müssen diesen Widerspruch begreifen, mit dem die Soziale Arbeit tagtäglich konfrontiert ist, nämlich zwischen der wissenschaftlich belegten, menschlichen Zugehörigkeit einerseits und dem Individualismus andererseits. Dieser Widerspruch in der Sozialen Arbeit entstand mit der immer stärker wachsenden Beliebtheit aller Arten von Holismus, eines Holismus der Nachkriegszeit der Vierziger- und Fünfzigerjahre und eines Holismus in Form der Systemtheorie. Diese entwickelten sich weiter zu ökologisch beeinflussten Theorien und endlich zur Anwendung immunologischer Informationen (Wendt 1990). Ein höchst bedeutender deutscher Name in diesem Zusammenhang war der Biologe Ludwig von Bertalanffy, der die General Systems Theory während seiner Amtszeit in der medizinischen Fakultät in der Universität Buffalo einführte und weitgehend entwickelte. Holistische Theorien stammen aus dem Bedürfnis, die intellektuelle Sichtweite der Natur- und Humanwissenschaften zu vergrößern, wovon die praktizierenden Professionen großen Nutzen zogen. Gleichzeitig haben sie aber einen Individualismus bewahrt, der 2000 Jahre westeuropäisches Lebens geprägt hatte. Ein gewisser Kompromiss entwickelte sich daraus, dass man begann, holistische Phänomene durch ihre Bestandteile zu definieren. Gruppen, Familien, sogar Gemeinschaften bestehen danach aus Individuen, das heißt aus unabhängigen Teilen anstatt aus Komponenten. Und so besteht dann auch weiter die Möglichkeit für das Individuum, beizutreten oder sich zurückzuziehen, sogar auszuscheiden – also „alleine" zu sein oder auch nicht.

Beides zu wollen, die holistische Sozialstruktur *und* separat zu sein, also dem Individualismus folgend unteilbar, einzigartig, selbstbestimmend wie auch autonom zu sein, beschreibt Traum und Trauma Vieler im Westen. Aber anstatt weiterhin die individualistische und höchst traditionelle Art von Kriterien für die Definition von Individuum und Gesellschaft als wahr zu unterstellen, wollen wir einige andere in der Geschichte der westlichen Welt vorhandenen Strömungen hervorheben. Soweit es die Arbeit Bertalanffys betrifft, suchte er nicht etwas Zusätzliches für die alte Art zu denken, sondern er und seine Nachfolger suchten völlig neue Wege und das mit großem Erfolg – mit einer Ausnahme: Nachdem von Bertalanffy mit großen Erfolg zeigte, wie und warum man holistisch, das heißt systemisch denken kann, bekannte er sich zu seiner Furcht des Missbrauchs seiner Theorien durch Diktaturen. Deshalb verteidigte er den menschlichen Individualismus als ein vielversprechendes Mittel gegen das Nazitum oder dessen Wiederholung.

Ein gutes Beispiel für den Begriff des *modernen* Individualismus findet man in Mitchells Diskussion über die Entstehung des Autonomiebegriffs. Wir zitieren: „Die intellektuelle Kultur des Westen seit der Aufklärung stellt eine Revolte gegen das Christentum und seines Weltbilds dar, sowie gegen Vorstellungen über eine objektive moralische Welt, die auf von Gott gegebenen Impulsen beruht. Das leitende Thema dieser Revolte ist individuelle Autonomie und die Ablehnung von Autorität; aber die Kirche bleibt ein potentes autoritäres Symbol, auch wenn ihre aktuelle politische Macht sich schon längst im Rückgang befindet" (Mitchel 1992, S. 608).

Eine amerikanische Version dieser Idee ist bei Wilson zu finden: „Das höchste Recht des Individuums, seine eigene Glaubens-Angelegenheiten selbst zu bestimmen und ohne die Mitwirkungen einer formellen Kirche, ist erneut durch wissenschaftliche Untersuchung als die Position der Mehrzahl der Befragten bestätigt worden" (Wilson 1990, S. 594).

Auch Hans Küng hat sich in dieser Richtung ausgedrückt: „In einer anderen Art wendet sich der Prophet Ezekiel an die Idee individueller und persönlicher Verantwortung. Er erwartete, dass individuelle Veränderungen durch Vergebung von Schuld, Erneuerung des Herzens und die Verleihung des göttlichen Geistes stattfinden werden" (Küng 1992, S. 38). „... das jüdische Volk war wichtiger als der individuelle Jude. Darüber hinaus nahm, nach dem Verlust der verfassungsmäßigen nationalen Selbständigkeit (in A.D.70), die Betonung ihrer eigenen inneren geistlichen Einheit als die von Gott Erwählten zu" (Küng 1992, S. 370).

Die Kirche liefert das Individuelle in der Hoffnung auf das Jenseits, während das Judentum sich mit Menschen unter Menschen beschäftigt. Es ist ein Fehler des (angeblich) rationalen Menschen des 20. Jahrhunderts, das Kirchliche/Himmlische auf das Jenseits zu reduzieren und das realistisch Erdgebunde in den Rang von liberalen Religions- und Demokratievorstellungen zu erheben. Wir schulden es dem russischen Kulturhistoriker Aaron Gurjewitsch, uns den enormen Einfluss christlicher Theologie vom Vor-Mittelalter durch das ganze Mittelalter zu verdeutlichen (Gurjewitsch 1972, 1978). „Alle Formen des kulturellen Lebens im Mittelalter sind nichts anderes als Funktionen der sozialen Lebenstätigkeit der Menschen dieser Epoche und das Resultat ihrer ‚Modellierung der Welt‘" (1972, 1978, S. 7). In *Das Weltbild des mittelalterlichen Menschen* schreibt Gurjewitsch wie folgt: „Der antike Kosmos, die Schönheit der Natur, ihre Ordnung und Würde verlor in der christlichen Interpretation einen Teil seiner Qualitäten. Dieser Begriff wurde vorwiegend nur für die menschliche Welt verwendet (*mundus* hieß im Mittelalter Menschheit) und trug nicht mehr die hohe ethische und ästhetische Wertschätzung. Die Welt des Christentums ist nicht mehr identisch mit der ‚Schönheit‘, da sie versündigt und dem göttlichen Gericht unterworfen ist; die christliche Askese hat sie verdammt. Die Wahrheit ist seit Augustinus nicht im Äußeren zu suchen, sondern in der Seele des Menschen selbst. Das herrlichste Werk Gottes ist nicht die Schöpfung, sondern die Erlösung und das ewige Leben" (Gurjewitsch 1978, S. 59).

Volle 2000 Jahre dauerte es, bis sich das Kombinationswort, das „Psychosoziale", in einen brauchbaren Begriff verwandelte, zusammen mit der Idee, dass der Psychoteil sich mit dem Inneren und der Sozialteil mit dem Zwischenmenschlichen beschäftigt und jeweils dafür zuständig ist. Sehr allgemein gesprochen, geht das Psychologische aus der Erlösungshoffnung hervor und das Soziale aus der jüdischen Volkstradition der sozialen Gerechtigkeit. Man spricht hier aber nicht von identifizierbaren Geschehnissen, sondern über Tendenzen, das heißt von starken Strömungen. Gurjewitsch beschreibt eine davon: „Der Mensch der Renaissance, der sich im Zentrum der von ihm neuentdeckten Welt befindet, gewann in sich selbst einen neuen Bezugspunkt" (Gurjewitsch 1978, S. 59). Diese Position erhält seine Bedeutung dadurch, dass bis zum Ende des Mittelalters die Idee, dass jeder Mensch eine identifizierbare Persönlichkeit war und hatte, gesondert von anderen, nicht bestand. Erst sehr viel später, in unseren eigenen Tagen, haben Historiker wie die Amerikanerin Barbara Tuchman in *The Distant Mirror* und der schon genannte Gurjewitsch es nachgeholt, den einfachen Menschen des 14. Jahrhunderts darzustellen, der aber den heutigen Vorstellungen von Menscheneigenschaften und -rechten überhaupt nicht entspricht. Gurjewitsch bemerkt wiederholt, dass es äußerst schwierig sei, der Geschichte gültige Informationen über einfache Leben im Mittelalter zu entreißen.

Heutige Ansätze über die Geschichte der Sozialen Arbeit teilen sich in kontinentale, englische und amerikanische auf. Die letzteren beiden stehen in enger Beziehung zu einander, sodass es in der Tat möglich ist, die Entwicklung der amerikanischen sozialen Leistungen und deren Philosophie zusammen mit der englischen Perspektive zu verfolgen. Seit Ende des Mittelalters wird der Arme zunehmend in die Verantwortung der Gemeinschaft, später auch der Gemeinde und dann auch des Staats übergeben, während der Individualismus, besonders im moralischen Sinn, bleibt. Immer aber muss sich der Empfänger sozialer Hilfe als moralisch geeignet beweisen. Er muss die Hilfe „verdienen" und die Verantwortung dafür im Himmel ist niemals weit entfernt. Bis zur nahezu völlig säkularisierten Hilfeleistung, besonders seitens der Zentralregierung, sind die Einflüsse des Sakralen/Religiösen klar zu erkennen, auch wenn die Sprache der öffentlichen Politik entspricht anstatt der der Kirche. In einem Land, in dem Staat und Kirche offiziell getrennte Existenzen genießen, ist es überraschend auffällig, wie sie besonders im sozialen Gebiet voneinander abhängig bleiben. Was aber immer bleibt, ist die individuelle Verantwortung seitens des Hilfeempfängers wie auch des Hilfegebenden, auch wenn in sehr verschiedener Art. In der lebendigen jüdischen Tradition ist die Motivation nach wie vor die soziale, erdgebundene Gerechtigkeit, die, so hofft der moderne Jude, ein messianisches Zeitalter einführt, das, so Borowitz (1994), den Bund zwischen Gott und Mensch, sowie auch den zwischen Mensch und Mensch endgültig bestätigt. Am Ende ist es diese Vorstellung besonders des liberalen, in Deutschland gegründeten Reform-Judentums, das im Kontrast zur Orthodoxie diesen Bund als Begründung des messianische Zeitalters begreift. Wiederum findet Erlösung auf Erden statt, das heißt durch menschliches Handeln.

Eine ganz universelle Ethik, die den Umgang mit den Armen bestimmen soll, stammt von dem mittelalterlichen Rabbi Moses ben Maimon, auch der Rambam oder Maimonides genannt. Er war von so großer Bedeutung, dass man über ihn heute noch sagt, dass „von Moses zu Moses es keinen anderen Moses gab" (vgl. den Beitrag von Susanne Zeller in diesem Band). Der erste Moses war der Moses der Bibel und der nächste war Maimonides. Er war Philosoph, Arzt und Theologe, wurde in Spanien geboren und lebte den größten Teil seines Lebens in Alexandria in Ägypten. Nach dem biblischen Gebot sind die Armen, die Waisen und die Witwen in der Verantwortung der Gemeinschaft, weil sie *per natura* Zugehörige sind. Ihnen zu helfen ist Pflicht, nicht Wahl. Die Tat mag dem Bettler helfen, aber tatsächlich hilft sie der Gemeinschaft, eben weil sie damit das göttliche Gesetz verwirklicht. Soweit es auf die Person ankommt, dem Zugehörigen, besteht nicht nur die Frage, wie man das Gebot hält, sondern wie man dem Menschen auch wirklich hilft. Die Antwort besteht nach Maimonides aus acht sogenannten Stufen, wovon die tiefste ist, dass man in einer derartigen Weise gibt, dass der Empfänger vom Spender abhängig wird, weil er sich nicht selbst ernähren kann. Die höchste ist, ihm zu zeigen (und die Mittel dazu zu geben), wie er sich selbst helfen kann und damit sich und der Gemeinschaft nützt sowie das Gebot Gottes erfüllt. Die Tat ist die Bestätigung, gleichzeitig des Göttlichen *und* des Menschlichen.

Alles weist darauf hin, dass unter der Voraussetzung, dass bestimmte politische und philosophische Probleme offen debattiert werden können, unsere Nachfahren die Begriffe „Mensch" und „Person" anders darstellen werden als das „Individuum", das permanent der Amivalenz ausgesetzt ist, sich entweder in der Isolation des Einzelnen zu erfahren oder in diktatorischen Staatsgebilden aller seiner Menschenrechte enteignet zu werden. Aber Demokratie, Wissenschaft und Hoffnung können sich darauf einigen, dass es in Zukunft möglich sein wird, dass Menschen sich als Komponenten eines schon immer vorhandenen Ganzen erfahren.

Die Diskussion der grundsätzlichen Eigenschaften des Menschen ist nicht nur wichtig im Lichte neuer Befunde – wie zum Beispiel des Prinzips einer Komponenten vergleichbaren Zugehörigkeit –, sondern auch um in ganz neuer Art das Gesamtgebilde des Menschen zu begreifen. Wie schon dargestellt, sind die gängigen Vorstellungen über das Teil-Ganzes-Verhältnis und deren isolierende Darstellung sowohl der Personen als auch der Kollektive von neueren wissenschaftlichen Befunden überholt. Es passt einfach nicht, die verschiedenen Aspekte des Menschseins als (isolierte) Teile darzustellen, weil ihre Funktion wie auch ihre Integration mit anderen Komponenten der Teil-Ganzes-Darstellung nicht entspricht. So können Körper-Teile als solche nicht agieren, aber als Komponente sind sie grundsätzlich nötig. Weder können Menschen ohne Beachtung anderer Menschen bestehen, noch ist es möglich, zu verstehen, was menschliche und kosmische Abläufe bedeuten, ohne eines, auch wenn nur intuitiven, Bewusstseins von der Gesellschaft als Ganzem. Andererseits würde die Alternative, den Menschen und alle Menschen auf einen einzigen konzeptuellen Nenner zu bringen, einen Grad von gesellschaftlichem Vertrauen erfordern, das die Ereignisse des 20. Jahrhunderts auf das Stärkste kompromittiert haben. Begriffe wie Volk, Nation, Kollektive, humangenetisch bestimmte Vererbung wurden von Nazismus und kommunistischer Diktatur verschmutzt, und es ist sehr schwer, „anständige" Begriffe zu finden. Zur selben Zeit weiß jeder praktizierende Sozialarbeiter, Erzieher, Psychiater und Sozialpädagoge, dass es hinter den Schwierigkeiten mit den Worten eben die Inhalte dieser Begriffe sind, die in verzerrter Form immer wieder auftauchen. In den Vereinigten Staaten und in Europa ahnt und weiß man auch, dass unsere Selbstorientierung Schlimmes erlitten hat und dass man sich in der europäischen Gesellschaft, trotz großer Leistungen, noch nicht erholt hat. Wir gehen deshalb davon aus, dass theoretische Modelle helfen könnten, solange sie wissenschaftlich untermauert sind, Menschen zu zeigen, dass ethisch und wissenschaftlich vernünftige Zugehörigkeit jeden Menschen ehrt; und alle Menschen – auf ihre und seine eigene Art – bezeugen lässt, dass Zugehörigkeit Sicherheit und Identität bedeuten kann. Was gemeint ist, ist, dass die Soziale Arbeit, eben weil sie mit den Krisen des menschlichen Lebens umgeht, ganz besonders geeignet ist, die Einsichten, die ihr durch die Zugehörigkeitstheorie zur Verfügung stehen, als Antworten gebrauchen kann an diejenigen in der Gesellschaft, die sich durch Separatismusfantasien vom Asylanten, vom Flüchtling, vom menschlichen Leiden abwenden wollen. Das hat aber weder das Christentum noch das Judentum verlangt oder rationalisiert. Beide ehren den Menschen, beide haben Platz für jeden und alle Menschen. Beide schlagen eine Sozialpolitik vor, die auf Menschenwürde beruht, wenn auch in verschiedener Form. Beide sind ethische Systeme und beide stellen den Menschen vor Erwartungen, die, wenn sie befolgt werden, bessere Welten hervor bringen. So gesehen – und abgesehen von ganz konkret technischen Überlegungen – dokumentiert die Soziale Arbeit im Westen gewisse religiöse Grundsätze, aber auch wissenschaftliche, die auch eine Existenz für sich haben können und darüber hinaus Menschen in ethisch respektabler Weise helfen können.

Daraus ergibt sich, dass anderen hilfreich zu sein, ernst zu nehmen ist, wie die Geschichte der westlichen Welt vor und seit dem Beginn des christlichen Zeitalters reichlich dokumentiert. Es ist eben nicht wahr, dass ein gebender Mensch sich mit anderen seine Habe teilen kann ohne große Konsequenz oder sich abwendet ohne weitere Folgen, materiell und moralisch. Warum, wie, wie viel, auf welche Ziele hinaus, wie oft und von wem geben und nehmen, diese Fragen kommen den zentralen Überlegungen nahe. Eines ist klar: Helfen und Teilen beschreibt etwas wirklich Wichtiges in jeder Gesellschaft, und in unserer betrifft das nicht nur die Funktion des Sozialarbeiters, sondern jedes Mitglied unserer Gesellschaften – und das auf beiden Seiten des großen Ozeans. Wie der mittelalterliche Maimonides sagt, sogar der Ärmste ist verpflichtet, den noch Ärmeren zu helfen – weil beide dazu gehören.

Aus einem derartigen Verständnis Sozialer Arbeit, gesehen vom Standpunkt der Zugehörigkeitstheorie oder Membership-Theorie, folgt, dass aus der Unteilbarkeit des Individuums ein Zugehöriger wird, der von sich abgibt und von dem anderen annimmt als Erfüllung fundamentaler Lebensbedingungen. Aus Einzigartigkeit wird die aktuelle Anerkennung, in der jedes Mitglied seine Zugehörigkeit anderen gegenüber und mit ihnen darstellt. Mit Zuversicht entdecken Menschen ihr Verwandtsein; aus individuellem Selbstbestimmungsrecht wird die soziale Selbstbestimmung, in der die Interessen des einen mit denen anderer verhandelt und auf die gemeinsam Bezug genommen wird. Aus Autonomie wird die Fähigkeit, als soziales Selbst zu handeln, indem die Konsequenzen der eigenen Pläne für andere transparent werden. Das „Ich" wird anstatt eines persönlich geheimnisvollen, das eines Zugehörigen; und Zugehörigkeit beschreibt das Ich im Uns und das Uns im Ich. Die große Tendenz in den Vereinigten Staaten geht in Richtung einer Sozialen Arbeit, die immer mehr vom Wissen über Relationen geprägt ist, ähnlich wie der italienische Soziologe Pierre Paolo Donati sie versteht. Eine Voraussage, wie sich die weitere Zukunft entwickeln wird, ist noch zu früh angesichts der enormen methodologischen Schwierigkeiten in den Recherchen und statistischen Prozeduren, die vom Individualismus abhängig sind, von Attitüden, die während 2000 Jahren gepflegt sind, gar nicht zu sprechen. Aber man kann mit bestimmter Zuversicht sagen, dass der Individualismus in allen seinen bekannten Formen kaum im Aufschwung ist. Es lebe die Zugehörigkeit!

Literatur

Ammerman, Nancy T. (1991): Salvation. In: Marty, Martin E./Appleby, R. Scott (Hrsg.): Fundamentalisms Observed. Chicago: University of Chicago Press

Borowitz, Eugene (1994): Choices in Modern Jewish Thought. W.Orange NJ: Behrman House

Brown, Peter (1987): Late Antiquity. In: Aries, Phillippe/Duby, George (Hrsg.): A History of Private Life. Vol. I. Cambridge: Belknap Press of Harvard University Press

De Toqueville, Alexis (1840/1945): Democracy in America. Vol. I . New York: Vintage Books

Gurjewitsch, Aaron J. (1972,1978): Das Weltbild des mittelalterlichen Menschen. München: C.H. Beck

Küng, Hans (1992): Judaism. München/Zürich: Piper

Mitchell, Basil (1992): The Christian Conscience. In: McManners, John (Hrsg.): The Oxford Illustrated History of Christianity. New York: Oxford University Press

Sachs, Jonathan (1993): One People? Tradition, Modernity, and Jewish Unity. London: The Littman Library of Jewish Civilization

Tuchman, Barbara (1978): A Distant Mirror. New York: Reissue Edition

Wilson, Bryan (1990). New Images of Christian Community. In: McManners, John (Hrsg.): The Oxford illustrated history of Christianity. Oxford: Oxford University Press. S. 572–601

Wendt, Wolf-Rainer (1990): Ökosozial Denken und Handeln. Lambertus: Freiburg i.Br.

Membership und Dialogisches Prinzip als Basis einer partizipativen Sozialen Arbeit[1]

Timm Kunstreich

Das folgende Unterfangen ist schwierig, da es mehrere, auf unterschiedlichen Ebenen liegende Zwecke unter einen Hut bringen will. Es geht nicht nur darum, das Membership-Konzept von Hans Falck mit dem Dialogischen Prinzip von Martin Buber in Beziehung zu setzen (das ist schon herausfordernd genug), sondern es geht mir auch darum, traditionelle und kritische Theorie in einer Weise aufeinander zu beziehen, dass eine eigene Positionsbestimmung am Ende meines „Lohnarbeiterlebens" möglich wird (Anm.: Die Vorlesung war zugleich mein offizieller Abschied von der Hochschule). Anknüpfen möchte ich deshalb an eine zentrale Aussage meiner Antrittsvorlesung an dieser Hochschule am 21. Mai 1992:

> „Nimmt man also die empirische Vielfalt von Mitgliedschaften und Teilhabemöglichkeiten an formellen und informellen Gruppen zum Ausgangspunkt in der Analyse der gesellschaftlichen Prozesse, so ergibt sich ein Handlungs- oder Akteursmodell von Gesellschaft, das nicht von den hegemonialen ‚Gebirgen' kapitalistischer Akkumulation und den auf strategischen Höhen angelegten Bastionen des politischen Staates und auch nicht vom feinstrukturierten Straßen- und Kanalnetz der formellen Einrichtungen der zivilen Gesellschaft gekennzeichnet wird, sondern von den Trampelpfaden, den nicht vorgesehenen Übergängen, unbewachten Plätzen und Wohnküchen vielfältiger informeller, nur auf kürzere Zeitabschnitte, angelegten Gruppierungen, die zwar untereinander in Konkurrenz und Konflikt stehen können, deren interne Strukturierung doch im Wesentlichen solidarischer Art ist" (Kunstreich 1994, S. 95f.).

Diese Idee, Gesellschaft in ihren vielfältigen Erscheinungsformen aus der Akteursperspektive zu verstehen und im wahrsten Sinne des Wortes zu begreifen, stand und steht im Mittelpunkt meiner wissenschaftlichen und politischen Suchbewegungen.

Eine Bestätigung für diese Orientierung und die Ermutigung, diesen Ansatz in der Sozialen Arbeit „partizipativ" zu nennen, bekam ich durch den ersten Artikel, den ich von Hans Falck über neuere Entwicklungen in der

---

[1] 1. Hans-Falck-Vorlesung am 8. Oktober 2009 an der Evangelischen Hochschule für Soziale Arbeit und Diakonie Hamburg

Sozialarbeitstheorie in den USA (1982) las. Aus einer ganz anderen Tradition als ich stammend insistiert auch Hans Falck auf einer Aufhebung des – angeblichen – Gegensatzes von Individuum und Gesellschaft. Aus dieser Perspektive werden Umrisse einer alternativen Theorie Sozialer Arbeit deutlich, auf die ich im Verlauf meiner Ausführungen noch genauer eingehen werde. Dabei beziehe ich mich auf das Membership-Konzept, wie es Hans Falck 1997 als Monografie in deutscher Übersetzung vorlegte. Viele Gedanken daraus konnte ich mit dem verbinden, was Paulo Freire in seiner „Pädagogik der Unterdrückten" (1973) herausgearbeitet hat – vor allem mit den vielfältigen Aspekten des Dialogischen in Theorie und Praxis. Auch wenn Freire Martin Buber nur sparsam zitiert, wird in der Entfaltung der „problemformulierenden Methode" deutlich, wie sehr Freire sich auf Buber bezieht. Die Bedeutung dieser Tatsache wurde mir aber erst wirklich klar, als ich vor einiger Zeit begann, mich mit Bubers Arbeiten zum Dialogischen Prinzip (2006) intensiver zu beschäftigen.

Im „Grundkurs Soziale Arbeit" habe ich versucht, diese vielfältigen Anregungen im Arbeitsprinzip Partizipation zu bündeln (2001, S. 298ff.). Diese Verbindungen kann ich hier nicht im Einzelnen nachzeichnen, möchte sie aber in sieben Stichworten in einen inhaltlichen Zusammenhang bringen. Die ersten drei sind ausführlicher, geht es in ihnen doch um das Verhältnis von Hans Falck zu Martin Buber; darauf aufbauend möchte ich in den restlichen Stichworten die vier Komponenten des Arbeitsprinzips Partizipation erläutern. Vieles wird nur kursorisch bleiben – ich hoffe, dass sich daraus vielleicht Themen für weitere Hans-Falck-Vorlesungen ergeben.

Erstes Stichwort: **Membership – konstante Verbundenheit/Constant Connectedness**

23.September 1939

„Ich stand am Fenster, als der Zug anfuhr – das letzte was ich von Hamburg gesehen habe, war dieses riesengroße weiße Hakenkreuz im Mondschein an der Bahnhofshalle. Dann sind wir zur Grenze und da haben uns die Holländer nicht rein gelassen, weil das Schiff, die ‚Rotterdam', noch nicht angekommen war. Die war verspätet, weil sie von den Engländern untersucht wurden, ob sie verbotene Waren hatten. Und dann sind wir zurückgeschickt worden von der deutschen Grenzpolizei, die wollten keine Juden an der Grenze haben. Sie haben uns nach Münster in den Zug geschickt, wo inzwischen mehrere hundert, 400, 500, Menschen, Familien, teilweise aus Hamburg, teilweise aus der Tschechoslowakei versammelt waren, und wir sind unter dem Dach ganz oben in einem jüdischen Altersheim untergekommen. Mein Vater und die anderen Männer haben dann versucht, mit den holländischen Behörden zu verhandeln. Nach vier oder fünf Tagen haben wir

25

dann eine Einreiseerlaubnis bekommen. Ich weiß noch, wie wir über die Grenze gefahren sind. Jeder sagte, so jetzt seid ihr in Holland. Es war wie ein Stein, der vom Herzen rollt, aus diesem verdammten Deutschland herausgekommen zu sein ..." (Falck in: Schumann 1995, S. 79).

Was Hans Falck, seine Familie und viele Tausend Andere, aber auch jene – wie er im Vorspann seines Buches (1997) formuliert – „6 Millionen" erlebten, war der historisch einmalige Versuch, einem ganzen Volk die Zugehörigkeit zur Menschheit abzusprechen und es deshalb umzubringen. Im Unterschied zum Völkermord in Ruanda, zu den Stalin'schen Massenmorden oder den ethnischen Säuberungen im zerfallenden Jugoslawien, wo Menschen als Feinde deklariert auf grausamste Weise umgebracht wurden, ging es im Nationalsozialismus darum, den Juden ihr Menschsein abzusprechen. Diese fundamentale Erfahrung der „Austreibung" (wie Hans Falck seine Vertreibung nennt), hat ganz sicherlich zu dem fast axiomatischen Grundsatz seiner Membership-Theorie beigetragen: „Membership ist permanent. Es kann nicht aufgehoben werden" (1997, S. 23). Diese anthropologische Grundannahme konkretisiert Falck in dem ersten Prinzip des Membership, der ständigen und konstanten Verbundenheit der Menschen untereinander:

> „Das Prinzip der konstanten Verbundenheit sagt aus, dass alle Komponenten eines Ganzen permanent durch gemeinsame Bedürfnisse, gemeinsames Funktionieren und Voraussetzungen des Überlebens verbunden sind. Dieses Prinzip drückt die Tatsache aus, dass der Mensch von der Zeugung bis zum Tod mit anderen Menschen wie auch mit nicht-lebenden Dingen verbunden ist. Es gibt keine Leerräume zwischen Membern, auch wenn dies so scheint" (1997, S. 23).

Mit diesem Grundsatz formuliert Hans Falck eine Alternative zum westlichen Individualismus, die aber zugleich die Einmaligkeit jeder Person hervorhebt. Diese Position wird besonders an den vier Varianten deutlich, mit denen die traditionelle Wissenschaft versucht, mit der Spaltung von Individuum und Gesellschaft umzugehen (1997, S. 14f.):

1. *Die additive Variante.* Das Individuum steht auf der einen, die Gruppe/Gesellschaft auf der anderen Seite. Sie wird sowohl von der Mehrheit der Sozialwissenschaftler als auch im Umgangssprachlichen gepflegt, meist mit dem Tenor, dass das „gute" Individuum gegen die „böse Gesellschaft" geschützt werden müsse.
2. *Die Bindestrich Variante.* Insbesondere in der amerikanischen Sozialarbeit hat diese immerhin als Verbindung gedachte Variante mit der Formulierung „person-in-situation" eine große Resonanz gefunden. Allgemeiner kann man diese Variante als die des multifaktoriellen Einflusses der Gesellschaft auf das Individuum be-

zeichnen. Es bleibt bei der Trennung, aber diese erscheint nun etwas „gemildert".

3. *Die Variante der Vermittlung.* Sie ist die explizit professionelle Variante der Sozialen Arbeit: die Sozialarbeiterin als Vermittlerin zwischen Individuum und Gesellschaft. Aber auch diese Vorstellung ändert nichts daran, dass beide Elemente als voneinander unabhängige gedacht werden.

4. *Die Teil-Ganzes-Variante* – diese zweifellos fortgeschrittenste Vorstellung finden wir in Systemtheorien, die die Verbundenheit der Teile untereinander betonen, aber – und dies betont Hans Falck mehrfach – auch hier bleiben die Teile ebenfalls als voneinander prinzipiell unabhängig.

Hans Falck setzt dagegen – wie er es nennt – einen holistischen Ansatz, der von dem Grundsatz ausgeht: „Das Ganze kommt vor den Einzelteilen" (1997, S. 16). Falck stellt sich damit in die Tradition von Hegels Prinzip der gegenseitigen Anerkennung, Meads Konzept der wechselseitigen Rollenübernahme und Türks Konzeption von Ko-Operation. Diese „bezeichnet damit die Ebene der Wirklichkeit, auf die der grundlagentheoretische Begriff der ‚strukturellen Kopplung' (mit der Sozialitätskategorie ‚Liebe') von Maturana verweist. Diese konstituiert einen Bereich eigener Materialität im Sinne von Wirklichkeit. Für jedes Individuum ist dabei – wie der Igel vor dem Hasen – Sozialität ‚schon immer da' und zwar *vor* jeder sowie als *Bedingung der Möglichkeit* jeglicher Individualität" (Türk 1994, S. 98, Hervorhebung i.O.). Diese Grundfigur der „dialektischen Einheit" von Person und Gesellschaft in der Sozialität wird besonders prägnant am Beispiel von Sprache und Sprechen, denn „die Sprache entsteht, wie das Bewusstsein, erst aus dem Bedürfnis, der Notdurft des Verkehrs mit anderen Menschen" (MEW 3, S. 30). Eine „individuelle Sprache" kann es also aus der materiellen Struktur von Sprache nicht geben, sie ist nicht einmal denkbar. Sprachkompetenz und -performanz sind nur auf der Basis eines quasi natürlichen und selbstverständlichen Gebrauchs einer generativen Grammatik (Chomsky) möglich. In strukturgleicher Weise wird Membership zu einer anthropologischen Dimension, zu einer, die die Besonderheit des Menschseins hervorhebt – vor anderen Lebensformen auf der Erde. Membership wird damit zugleich etwas, was Martin Buber als das „Zwischen" gekennzeichnet hat. Dieses Zwischen ist nicht etwas dem Menschen Äußerliches, sondern es ist das, was sein Menschsein konstituiert, ist also – wie Buber immer wieder betont – eine anthropologische Grundtatsache.

„Von sozialen Phänomenen dürfen wir überall da sprechen, wo das Miteinander einer Vielheit von Menschen, ihre Verbundenheit miteinander gemeinsame Erfahrungen und Reaktionen zur Folge hat. Diese Verbundenheit aber bedeutet nur, dass all die einzelnen Existenzen einer gruppenhaften beschlossen und von ihr umfangen sind; sie bedeutet nicht, dass zwischen einem und dem anderen innerhalb der Gruppe eine irgend personenhafte Beziehung bestehe" (Buber 2006, S. 271f.).

In ähnlicher Weise interpretiert Hannah Arendt (1992) das „Zwischen", wie es Joachim Weber verdeutlicht: „Das Gemeinsame der Menschen liegt nicht in den Menschen, also intersubjektiv, sondern vielmehr zwischen ihnen, also interpersonal. Es gründet sich nicht auf einer gemeinsamen Identität, sondern auf der Differenz ihres mit ihrer Einzigartigkeit verbundenen Einwirkens aufeinander" (2003, S. 100).

Eine derart personenhafte Beziehung entsteht erst, wenn die soziale in eine zwischenmenschliche Beziehung übergeht. „Ich meine jedoch mit der Sphäre des Zwischenmenschlichen lediglich aktuale Ereignisse zwischen Menschen, seien es voll gegenseitige, seien es solche, die unmittelbar zu gegenseitigen zu steigern oder zu ergänzen geeignet sind. Die Sphäre des Zwischenmenschlichen ist die des Einander-Gegenüber; ihre Entfaltung nennen wir das Dialogische [...] nur in diesem ihrem leibhaften Zwischenspiel, diesem ihrem Zwischen" (Buber 2006, S. 275f.), realisiert sich das Zwischenmenschliche.

Zweites Stichwort: Membership – bedingte Zugänglichkeit/bedingter Zugang/ Conditional Accessibility

> „Sobald wir innerhalb Deutschlands waren, haben wir unseren Jeep an der Straße abgestellt und haben uns in einen Graben gesetzt, haben die Pakete ausgepackt mit dem Passah-Essen, Matzen usw.; und all den schönen Sachen, die uns geschenkt wurden als Soldat. Und da haben wir uns am ersten Passah-Tag (1945 – TK) – wir waren uns alle sehr, sehr bewusst, um was es sich handelte, aber wir haben absichtlich gewartet bis wir innerhalb der deutschen Grenzen waren – in den Graben gesetzt und haben als ehemalige deutsch-jüdische Emigranten das Passah-Fest gefeiert. Und wenn ich daran denke, dann kommen mir noch heute die Tränen. Den anderen auch. Wir waren uns der Bedeutung dieses Akts wahnsinnig bewusst, ganz besonders weil das Passah-Fest mit Befreiung und dem Auszug aus Ägypten zu tun hat" (Falck in: Schumann 1995, S. 82).

Dieses bewegende Erlebnis macht deutlich, dass jede Form und jeder Inhalt des „ständigen Verbundenseins" anders ist und wesentlich von dem Kontext abhängig ist, in dem es handelnd hervorgebracht wird. In diesem Fall sind die besonderen Bedingungen im Sinne des bedingten Zugangs oder der bedingten Zugänglichkeit die Tatsache, dass hier jüdische US-Soldaten ihr Membership in einem Land praktizieren, das sie eben noch ermorden wollte.

> „Das Prinzip des ‚bedingten Zugangs' beschreibt die Art und Weise, in der die ständige Verbundenheit besteht. Zugang ist nicht dasselbe wie totale Offenheit. ‚Bedingter Zugang' beruht auf Selektivität. Im Falle der Zelle ist Selektivität Ausdruck der Zellfunktion und Zellstrukturen, im Besonderen der Zellmembran, die Zellen umgrenzt und gegeneinander abgrenzt. (Im Fall von handelnden Personen drückt sich das Prinzip des „bedingten Zugangs" –TK) im interaktiven, interpersonalen Bereich aus, indem auf selektive Weise Informationen mitgeteilt werden" (Falck 1982, S.153).

„Bedingte Zugänge" gibt es also viele. Zwei sollen hier wegen ihrer Besonderheit exemplarisch hervorgehoben werden:

(1) Membership wird in sozialen Zusammenhängen, die freiwillig gewählt werden, als Anerkennung und Bestätigung erlebt; es vermittelt das Erlebnis, willkommen zu sein und dazuzugehören, zum Beispiel zur jüdischen Gemeinde oder zu einer Synagoge.

(2) Membership wird im funktionalen Kontext einer Institution erlebt – wer darf mit bestimmten Vollmachten was als Polizist/als Soldat/als Sozialarbeiter. Diese Art von Membership hat in der Regel Aspekte der Notwendigkeit, wenn nicht gar des Zwangs. Zygmunt Bauman weist zum Beispiel darauf hin, dass spezifische Zugangsregularien eine technisch formale Verantwortung ermöglichen, bei der von moralischer Verantwortung abstrahiert werden kann (1992, S. 115).

Die erste Form des Memberships basiert auf dem jeweils spezifischen „Ansehen der Person" – es ist an diese und an keine andere Person gebunden. Die zweite Form des bedingten Zugangs basiert darauf, dass ohne „Ansehen der Person" Zugänge ermöglicht oder verhindert werden.

An diese beiden Formen schließen die beiden „Grundworte" Martin Bubers an. Diese lassen sich als qualitativ unterschiedliche „bedingte Zugänge" nach Falck verstehen; die erste Form des Membership entspricht dem Grundwort Ich-Du, die zweite dem Grundwort Ich-Es.

Diese Deutung möchte ich an den Ausführungen Bubers zu den beiden Grundworten plausibel machen (Seitenzahlen beziehen sich auf Buber 2006).

Grundsätzlich gilt:

> Die Welt als Erfahrung gehört dem Grundwort Ich-Es zu. Das Grundwort Ich-Du stiftet die Welt der Beziehung (S. 10). Das Grundwort Ich-Es erfährt und ge-

braucht die Welt der Gegenstände und Objekte. Es ist die Welt der Dinge, also auch des Nützlichen und Notwendigen. Schaffen ist Schöpfen, Erfinden ist Finden, Gestaltung ist Entdeckung [...] Das geschaffene Werk ist ein Ding unter Dingen, als eine Summe von Eigenschaften erfahrbar und beschreibbar" (S. 14). Das Grundwort Ich-Es „hat nur Vergangenheit, keine Gegenwart. Mit anderem Wort: Insofern der Mensch sich an den Dingen genügen lässt, die er erfährt und gebraucht, lebt er in der Vergangenheit und sein Augenblick ist ohne Präsenz. Er hat nichts als Gegenstände; Gegenstände aber bestehen im Gewesensein" (S. 16).

Das Grundwort Ich-Du hingegen ist Präsenz, Unmittelbarkeit und Beziehung. „Beziehung ist Gegenseitigkeit (S. 12). Alles wirkliche Leben ist Begegnung (S. 15). Zwischen Ich und Du steht kein Zweck, keine Gier und keine Vorwegnahme; und die Sehnsucht selber verwandelt sich, da sie aus dem Traum in die Erscheinung stürzt. Alles Mittel ist Hindernis. Nur wo alles Mittel zerfallen ist, geschieht die Begegnung" (S. 15f.).

Von außen bzw. aus der Beobachterperspektive betrachtet gebrauchen Menschen in beiden Grundworten alle ihre Sinne. Der entscheidende Unterschied liegt jedoch darin, dass nur im Grundwort Ich-Du der Mensch Anerkennung und Bestätigung erfährt, die ihn *(mit allen Sinnen)* erleben lässt, dass nur er dieser Eine und diese Besondere ist. Dieses erleben sie und er aber nur, wenn das Gegenüber es genauso erfährt. „Es kommt auf nichts anderes an, als dass jedem von zwei Menschen der andere als dieser bestimmte Andere widerfährt, jeder von beiden des anderen ebenso gewahr wird und eben daher sich zu ihm verhält, wobei er den anderen nicht als sein Objekt betrachtet und behandelt, sondern als seinen Partner in einem Lebensvorgang, sei es auch nur in einem Boxkampf. Dies ist das Entscheidende: das Nicht-Objekt-sein" (S. 274).

Drittes Stichwort: **Membership hebt den Unterscheid zwischen den Grundworten auf**

Der Unterschied zwischen beiden Grundworten wird im dreifachen Sinne durch das Membership-Konzept aufgehoben. Es ist (1.) aufbewahrt, es ist aber auch (2.) nicht mehr in der alten Form vorhanden; der Unterschied wird mit dieser Veränderung (3.) auf eine neue Stufe gehoben.

- Der Unterschied der Grundworte bleibt aufbewahrt und wird erhalten.
  Rufen wir uns die Erläuterungen zum Grundwort Ich-Es ins Gedächtnis, wird deutlich, dass es dieses (und nicht das Grundwort Ich-Du!) ist, das im professionellen Alltag der Sozialen Arbeit do-

miniert: „*Die Welt als Erfahrung gehört dem Grundwort Ich-Es zu* (Buber 2006, S. 10). *[…] Das Grundwort Ich-Es erfährt und gebraucht die Welt der Gegenstände und Objekte"* (S. 16) – also die Welt der Gesetze, Verordnungen, Bürogebäude, Zuwendungsbescheide und -mittel, der Dienstpläne und (nicht) zuletzt der Klienten. Es ist die Welt der Dinge, also des Nützlichen und Notwendigen.

Das Grundwort Ich-Du hingegen ist Präsenz, Unmittelbarkeit und Beziehung. „*Beziehung ist Gegenseitigkeit […] alles wirkliche Leben ist Begegnung. […] Alles Mittel ist Hindernis. Nur wo alles Mittel zerfallen ist, geschieht Begegnung"* (S. 12 ff.). In dieser komprimierten Gegenüberstellung wird deutlich, dass „Begegnung" in diesem Sinne in der Sozialen Arbeit eher die Ausnahme oder sogar nur ein Zufall ist. Das Ich-Es Grundwort hingegen ist den Mitteln und Ressourcen der Sozialen Arbeit entsprechend das Übliche und Typische.

- Der Unterschied zwischen den Grundworten ist aufgehoben in dem Sinne: Er ist nicht mehr vorhanden. Vielmehr steht ihr Aufeinander-Verwiesensein im Vordergrund, beide sind relationale Grundworte, die „bedingte Zugänge" bei „konstanter Verbundenheit" bilden, also im Membership aufgehoben sind.
  Buber selbst relativiert die krasse Dichotomie der beiden Grundworte u. a. als Antwort auf Kritiker, unter ihnen sein Freund und Kollege Hans Rosenzweig (vgl. Bohnsack 2008, S. 22f.): „Es gibt nicht zweierlei Menschen, aber es gibt zwei Pole des Menschentums. Kein Mensch ist reine Person, keiner reines Eigenwesen" (Buber 1962, S. 122, in Bohnsack 2008, S. 23). Diese Polarität wird von Buber an anderer Stelle wie folgt miteinander verschränkt: „Das einzelne Du muss, nach Ablauf des Beziehungsvorgangs, zu einem Es werden. Das einzelne Es kann, nach Eintritt in den Beziehungsvorgang, zu einem Du werden" (Buber 2006, S. 37, Hervorhebung im Original).

- Der Unterschied der beiden Grundworte wird auf diese Weise auf eine „neue Stufe" im Sinne eines neuen Verhältnisses gehoben.

Dieses neue Verhältnis lässt sich als ein Kontinuum auf der Basis eines dauerhaften Verbunden-Seins vorstellen, in dem die beiden Grundworte in jeweils einzigartiger Konkretion „bedingte Zugänge" darstellen. Dabei ist es plausibel, anzunehmen, dass die Situationen, in denen das Ich-Du Grundwort dominiert, als „positives Membership" (Falck 1997, S. 34) erlebt werden,

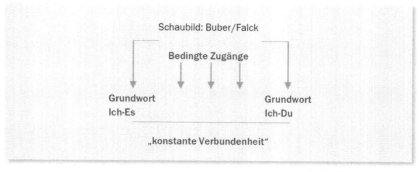

Quelle: Eigene Abbildung TK

während Situationen, die ausschließlich aus Ich-Es-Relationen bestehen, typischerweise als „negative Memberships" (a. a. O.) erlebt werden. „Zweideutige Memberships" (a. a. O.), die Elemente beider Grundworte enthalten, dürften demnach gerade in Institutionen eher die Regel sein. Der Membership-Ansatz lässt allerdings die Strukturelemente von Institutionen und damit auch die Zwangs- und Repressionsaspekte von Institutionen zurücktreten, ohne sie auszublenden, denn: „Per Definition verringert Membership den Abstand zwischen Sozialarbeiter und Klient. Das grundlegende Verhältnis zwischen beiden beruht auf Gegenseitigkeit. Gegenseitigkeit heißt, dass das, was *für* den Klienten getan wird, soweit wie möglich *mit* ihm getan wird" (Falck 1997, S. 40, Hervorhebung i. O.).

Aus dieser Perspektive der Gegenseitigkeit (Falck) bzw. der Begegnung (Buber) verändert sich das traditionelle Bild von Professionellen und deren Adressaten und von deren Relationen[2]. Diese Perspektive soll in den vier weiteren Stichworten konkretisiert werden. Wie bei Buber, Freire und Falck ist der soziale Code „mit" auch bei mir Bezugspunkt in meinem Versuch, ein „Arbeitsprinzip Partizipation" zu begründen. Die vier Komponenten dieses Arbeitsprinzips benutze ich im Folgenden als Gliederungspunkte, ohne auf die spezifische Begründung der einzelnen Komponenten selbst einzugehen (ausführlich dazu: Kunstreich 2001, S. 298–366).

Viertes Stichwort: Problemsetzung – in welcher Situation hat wer welches Anliegen oder Problem?

Ausgangs- und Bezugspunkt jeder Überlegung und jeder Handlung im Kontext Sozialer Arbeit ist die Situation, in dem es zwei oder mehrere Menschen

---

2 Zur Empirie von Relationen siehe den Beitrag von Marcus Hußmann in diesem Band.

miteinander zu tun haben und durch ihre Handlungen ein Netz wechselseitiger Beziehungen knüpfen. Versteht man dieses aktuelle Beziehungsgeflecht als das Besondere und Eigensinnige des Sozialen, so wird deutlich, dass dieses etwas ist, das weder auf psychische Vorgänge noch auf gesellschaftliche Strukturen reduziert werden kann (genauer: Kunstreich 2000, S. 8ff.). Dass diese Grundannahme nur scheinbar banal ist, wird unmittelbar deutlich, wenn wir uns vor Augen führen, dass – egal wie stark die Situation durch ihren Kontext vorgeprägt ist – jede Situation einmalig und unwiederholbar ist: „Diese Personen handeln als Member. Solange die Dimensionen des Handelns unklar sind, bleibt auch unklar, welchen Beitrag der Sozialarbeiter zu leisten hat. Es ist unmöglich, in einer abstrakten Situation zu intervenieren. Sozialarbeiter und Klienten werden deshalb als Personen gesehen, die sich durch ihr Handeln gegenseitig beeinflussen" (Falck 1997, S. 85). Praktisch bedeutet das: Ausgehend von dem „generativen Thema" einer Situation (Freire 1973, S. 84), in dem sich alle Kontextelemente dieser Situation bündeln, müssen die in der Situation wirksamen Handlungsperspektiven von allen Beteiligten so miteinander in Beziehung gesetzt werden, dass sie eine – möglichst konsensuale – Problemsetzung oder Eindeutigkeit des Anliegens erreichen. Die wesentliche Voraussetzung dazu, dass dieses in der Praxis wirklich erreicht wird, ist die Anerkennung der Beteiligten und der in die Situation eingebrachten Wissensdomänen als Gleichwertige, aber Unterschiedliche.

Der stärkste Widerstand, eine derartige Praxis tatsächlich zu realisieren, resultiert aus den Zwangselementen einer Situation, wenn herrschaftliche Normen und deren institutionelle Durchsetzung den Kontext derart prägen, dass deren Befolgung wie eine Selbstverständlichkeit erscheint. Dass man zur Schule gehen muss, ist zum Beispiel eine derartige Selbstverständlichkeit. Hier scheint es völlig klar zu sein, „den Sinn von Ereignissen und die Bedeutung von Handlungen oder Dingen nicht zu suchen, noch diese mit anderen beteiligten Akteuren auszuhandeln. In institutionellen Kontexten brauchen (sollen) Begriffe und Kategorien nicht neu entwickelt und erfunden werden" (Cremer-Schäfer 2003, S. 56). Dass es fast unmöglich ist, in Situationen mit strukturellen Machtgefällen eine andere Situationsdefinition zu realisieren als die mit dem Kontext quasi vorgegebene, beschreibt Nicola Ahrens-Tilsner aus ihrer Praxis als Schulsozialarbeiterin. „Da ich mir keinen anderen Handlungsraum als den mit der Überschrift ‚Schulverweigerung' vorstellen konnte, habe ich fast ausschließlich in dieser Kategorie im Beratungsgespräch gearbeitet. Unter der Zielvorgabe ‚Bearbeitung der Schulverweigerung' geriet die *Zusammen*arbeit mit Katja aus dem Blick. ‚Die Tatsache, dass Hilfe nur in Zusammenarbeit mit der Klienten wirksam sein kann, wird dann schnell zum bloßen Umstand der Umsetzung einer vorgegebenen Zielsetzung' (Müller 2008, S. 117). Zu schnell wird eine eindeutige Sachlage unterstellt und dabei übersehen, dass es im sozialpädagogischen Feld ‚nur begrenzt um objektive Tatsachen, sondern vor allem um subjektive Zuschreibungen geht, die je nach Standpunkt verschieden sind' (Müller 2008, S. 117)" (2009, S. 29, Hervorhebung i.O.). Hans Falck spitzt diesen Zusammenhang zu, wenn er formuliert:

> „Die Membership-Theorie verwirft den Glauben, dass es so etwas wie ‚einen Fall‘, ‚eine Gruppe‘, oder ‚eine Gemeinschaft‘ gibt und dass man mit ‚ihnen‘ arbeitet. Alle traditionellen Konzepte überbetonen die Grenzen zwischen den Bereichen. Der wissenschaftlichen Erkenntnis, dass Grenzen halbdurchlässig sind, dass sie durch das Prinzip der Selektion gesteuert werden und dass es einen Zugang von einem Bereich zum anderen gibt, egal, ob es sich um eine Zelle, ein Gespräch, ein Symbol oder eine Persönlichkeit handelt, wird nicht Rechnung getragen (Falck 1997, S. 129).

Aber selbst wenn es gelingen sollte, alle Anliegen in einer Handlungssituation miteinander zu verbinden, ist damit noch nicht automatisch eine auch zu realisierende Handlungsorientierung für die oder den Professionellen gegeben.

Fünftes Stichwort: Handlungsorientierung – wie gewinnt die oder der Professionelle eine Handlungsorientierung, wie kann sie oder er das Handeln begründen?

Bei der Frage der Gleichberechtigung der Wissensdomänen geht es letztlich darum, ob wissenschaftliches Wissen im Alltag und im zwischenmenschlichen Umgang „wahrer" ist als das Alltagswissen oder ob es lediglich eine höhere Deutungsmacht im gesellschaftlichen Kontext hat und ob deshalb „Wahrheit" in der öffentlichen Meinung und im Alltag mit hegemonialer Dominanz verwechselt wird (Bauman 1995, S. 103). Um nicht missverstanden zu werden: Es geht hier nicht um die Tatsache, dass ein Physiker in seinem Wissenschaftsbereich besser Bescheid weiß als ein Laie, sondern um die Formbestimmtheit wissenschaftlichen Wissens (Horkheimer 1937/1980, S. 144ff.). Unter der Voraussetzung, das „Erkennen als aktives Verstehen" (Neuweg 2001, S. 168) eine Potenz aller Subjekte ist, gibt es keinen plausiblen Grund für die Annahme, dass eine gesellschaftliche Wissensdomäne anderen aus der Struktur der Erkenntnis (also aus der Denkform) heraus überlegen sein soll. „Alle Menschen sind Intellektuelle, könnte man […] sagen, aber nicht alle Menschen haben in der Gesellschaft die Funktion von Intellektuellen" (Gramsci 1996, S. 1500). Wie Thomas Klatetzki immer noch schlüssig nachgewiesen hat, besteht aus kulturanalytischer Sicht die Gleichberechtigung von Wissensdomänen darin, dass alle „Menschen Erzeuger und Benutzer von Deutungen sind" (1993, S. 53). Solche Deutungssysteme sind sowohl die Wissenschaften als auch das Alltagsverständnis. Bezogen auf den Fall von „Schulverweigerung" bedeutete das: „Die im Fall Katja von den Juristen und Psychologen übernommene Diagnose ‚Schulverweigerung' war folgenreich für alle Beteiligten, am meisten aber für Katja. [...] Indem ich mich dieser Reflexion über mein eigenes Handeln entzogen habe, haben andere darüber entschieden, worüber ich mir selbst ein eigenes Urteil hätte bilden müssen. Die Qualität der sozialpädagogischen Arbeit bemisst sich laut Müller an der ‚Klarheit und Fairness, mit der Sozialpädagogen versuchen, diese Perspektiven wechselseitig ins Spiel zu bringen' (Müller 2008, S. 130), ohne dabei die Perspektiven des Adressaten einfach mit der eigenen Sichtweise zu vermengen; oder gar alle Wünsche abzuqualifizieren oder weg zu definieren, für deren Erfüllung es keine Vorschriften gibt. Indem ich mich auf die institutionelle Bedeutung des Falles gestützt habe, bin ich im weiteren Verlauf der Beratung auch mit dem Versuch einer professionellen, dialogischen Verständigung gescheitert [...]" (Ahrens-Tilsner 2009, S. 31). Die Autorin hat auf diese Weise eine Erfahrung gemacht, der Hans Falck eine grundsätzliche Bedeutung beimisst: „Da die Gründe für persönliche Probleme und Situationen niemals individueller, sondern sozialer Natur sind, muss die Lösung bzw. ein Lösungsansatz die sozialen Gründe beachten. Der Sozialarbeiter interveniert nicht in einem Fall, einer Gruppe oder einer Gemeinschaft. Er interveniert im Leben eines Menschen, der mit anderen Menschen zusammenlebt" (Falck 1997, S. 129).

Sechstes Stichwort: Assistenz – wie können „prospektive Dialoge" gelingen?

In beruflichen Situationen, in denen die Kommunikation mit Menschen zentraler Bestandteil ist und die auf Bildungsprozesse hin orientieren, sieht Buber eine besondere Form des Ich-Du Grundwortes, die in einer gewissen Weise bedingt oder eingeschränkt ist. Einen derartigen „bedingten Zugang" (Falck 1997, S. 24) beschreibt Buber für den Erzieher und den Therapeuten, was ich in diesem Zusammenhang für Professionelle der Sozialen Arbeit verallgemeinern möchte. Diese müssen, wenn sie sich dem anderen nicht „auferlegen" wollen (ihn also zum Objekt einer Verhaltensmodifikation manipulieren wollen), den anderen „voll" umfassen „und das ist eben nur in der partnerischen Haltung von Person zu Person, nicht durch Betrachtung und Untersuchung eines Objektes zu erlangen" (Buber 2006, S. 132). Das bedeutet, dass die Professionellen ihrem jeweiligen Gegenüber sowohl als „gegenüber Lebende" als auch als „Entrückte" erscheinen können. „Jedes Ich-Du-Verhältnis innerhalb einer Beziehung, die sich auf ein zielhaftes Wirken des einen Teils auf den anderen spezifiziert, besteht kraft einer Mutualität, der es aufgelegt ist, keine volle zu werden" (a. a. O.).

Diese Differenz in der Mutualität liegt allerdings nicht auf hierarchischer und damit auf der Herrschaftsebene, sondern ist ein Element, das sich aus der „gemeinsamen Aufgabenstellung als Medium sozialpädagogischer Tätigkeit" ergibt (Mannschatz 2003) und damit unterschiedliche, aber gleichwertige Deutungsmuster (Wissensdomänen) vereint. Freire unterstreicht diesen Aspekt mehrfach, wenn er darauf insistiert, dass es „die Wirklichkeit (ist), die [...] mit anderen Menschen zusammen verwandelt werden muss, (die) Gegenstand des Handelns (wird), nicht aber der Mensch selbst" (1973, S. 77).

Wie schwierig es ist, derartige Assistenz als prospektive Dialoge zu realisieren, beschreibt wiederum exemplarisch Nicola Ahrens-Tilsner: „Katja wollte in ihrer schwierigen Situation Hilfe dabei, ihr Leben außerhalb von Schule zu bewältigen. Mit diesem Anliegen ist sie aber in der Beratung nicht wahrgenommen worden. [...] Ihr Anliegen ist aber nicht wirklich zur Sprache gekommen. [...] Erst wenn diese Subjektivität in den Mittelpunkt gerückt wird, wird die Adressatin der Lage sein, sich selbst als Handelnde zu erleben." (2009, S. 27f.). Dann geschieht das, was Buber als den Vorgang beschreibt, in dem jeder den anderen als „dieser bestimmte andere" widerfährt und sich beide als „Partner in einem Lebensvorgang" erleben (Buber 2006, S. 274), beide sich also wechselseitig als Subjekte konstituieren.

Siebtes Stichwort: Verständigung – wird dort nötig, wo Verstehen aufhört

Problemsetzung bzw. die Klärung von Anliegen, Gewinnen einer Handlungsorientierung, Assistenz – das klingt nach einer klaren, einfachen Reihenfolge von Bearbeitungsschritten. Das ist in der Praxis aber nicht möglich und auch nicht sinnvoll, denn diese drei Komponenten sind zum einen untereinander eng verbunden und sind zum anderen jede für sich mit einer vierten verbunden, mit deren Hilfe sie sich erst realisieren können – vergleichbar den einzelnen Komponenten in einem Mehrkomponentenkleber. Diese vierte Komponente heißt Verständigung, denn alle Komponenten des Arbeitsprinzips Partizipation sind nur als Verständigungsprozesse denkbar und möglich. Deshalb liegt die Praxis der Verständigung quasi quer zu den anderen drei Komponenten. Verständigung in diesem Sinne macht auch immer wieder deutlich, dass es möglich ist, die Grenzen des „bloßen Verstehens" zu überschreiten – eben in prospektiven Dialogen. Vorschnelles Verstehen ist nicht selten eine Konsequenz „retrospektive Monologe", die durch Bezug auf angeblich höheres Wissen meinen, verstanden zu haben, warum eine Person sich so verhält, wie sie es tut. Verständigung hingegen beginnt mit dem Zweifel am eigenen Verstehen und will herausfinden, welche Handlungsoptionen in der aktuellen Situation liegen. Das ist nur in „prospektiven Dialogen" möglich. Nicola Ahrens-

Tilsner hat diesen Perspektivenwechsel erfahren: „Es vollzog sich ein Perspektivwechsel von der rechtlich-institutionellen Perspektive auf den Fall als ‚Fall von Schulverweigerung' zu einem Blick auf eine individuelle Bewältigungsstrategie einer Schülerin in einer besonderen Lebenslage. Mir wurde deutlich, dass jede Zuordnung eines ‚Fall von' sich der Fall in einen anderen Handlungsraum verlagert. Hier ist der Fall an seine Grenzen gestoßen: eine Verlagerung des Handlungsraumes war im Rahmen des institutionellen Handlungskontextes mit seinem gesetzlichen Auftrag und dessen erster Priorität, der Sorge um die Erfüllung der Schulpflicht, nicht möglich. Das spezielle Anliegen der Adressatin hätte nur bearbeitet werden können, *bevor* es ein offizieller Fall von Schulverweigerung geworden ist, zum Beispiel im Rahmen von Schulsozialarbeit *in* Schule, nicht am außerschulischen Lernort [...] , in Form eines Angebotes, das nicht eindimensional festgelegt ist auf die Bearbeitung eines Falles von Schulverweigerung, sondern als ein sozialpädagogisches, niedrigschwelliges Angebot *in* Schule für Schüler und ihre Familien, um zu einer echten Verständigung über die Art des zu leistenden Hilfe zu finden." (Ahrens-Pilsener 2009, S. 33f., Hervorhebung i.O.).

Die Membership-Theorie verweist vor diesem Hintergrund auf grundlegende ethische Zusammenhänge, in denen auch das Arbeitsprinzip Partizipation eingebettet ist:

„Auf einer bewussten Ebene legt Membership Wert auf Zusammengehörigkeit, Gemeinschaft, ethnische Identität (anstelle von ethnischen Gegensätzen) und Verbundenheit. Aus der Sicht der Sozialen Arbeit ist der Begriff Gerechtigkeit wichtiger als der der Barmherzigkeit. Soziale Gerechtigkeit betont all das, auf das ein Member Anrecht hat, weil er eben ein Member ist. Die Vorstellung wird verworfen, dass nur die Wohlhabenden verpflichtet sind, durch Spenden oder durch Steuern für arme Menschen aufzukommen. Membership und soziale Gerechtigkeit führen zu bestimmten Verpflichtungen.

Ehrenamtliche Hilfe kann nur Mindeststandards erfüllen. Steuern für den Sozialbereich finden nur minimale Akzeptanz. Wer aufgrund eines Gefühls von Gerechtigkeit zum Geber wird, übernimmt Verantwortung für das, was recht ist. Ein solches Geben bringt Geber und Empfänger näher, wobei sich Geben nicht auf das Finanzielle beschränkt. Man kann herablassende Äußerungen vermeiden, sich um Kranke kümmern, Einsame besuchen, ein Kind auf dem Weg zur Schule und von der Schule begleiten.

Das Prinzip der Gegenseitigkeit ist ein wichtiges Element von Membership. Das freiwillige Geben wird höher eingeschätzt als das Geben unter Zwang. Das Prinzip verwirft auch die Vorstellung, die Armen hätten so wenig, dass sie nur empfangen könnten. Im Gegenteil: Sogar die Ärmsten haben ein Anrecht auf Ehre und Respekt für sich selbst und von anderen, Respekt, der darauf beruht, dass man anderen etwas geben kann, wie zum Beispiel die eigene Person" (Falck 1997, S. 129).

Literatur

Ahrens-Tilsener, Nicola (2009): Schulverweigerung – ein klarer Fall? Bachelor Arbeit (Evangelische Hochschule für Soziale Arbeit und Diakonie Hamburg)

Arendt, Hannah (1992): Vita Activa. München

Bauman, Zygmunt (1992): Dialektik der Ordnung. Hamburg

Bauman, Zygmunt (1995): Ansichten der Postmoderne. Hamburg

Bohnsack, Fritz (2008): Martin Bubers personale Pädagogik. Bad Heilbrunn

Buber, Martin (1962): Werke. Erster Band. Schriften zur Philosophie. München/Heidelberg

Buber, Martin (2006): Das Dialogische Prinzip. Gütersloh

Cremer- Schäfer, Helga (2003): „Wie der Name einer Sache unser Verhalten bestimmt". Eine Erinnerung an Wissen über Diagnostik. In: Widersprüche. Zeitschrift für sozialistische Politik im Bildungs-, Gesundheits- und Sozialbereich 23 Jg., Heft 88, S. 53–60

Falck, Hans (1982): Neuere Entwicklungen der Sozialarbeitstheorie in den Vereinigten Staaten von Amerika. In: Oppel, Hubert/Tomaschek, Arnold (Hrsg.): Soziale Arbeit 2000, Bd.1, Soziale Probleme und Handlungsflexibilität. Freiburg, S. 139–161

Falck, Hans (1997): Membership. Eine Theorie der Sozialen Arbeit. Stuttgart

Freire, Paulo (1973): Pädagogik der Unterdrückten. Reinbek

Gramsci, Antonio (1996): Gefängnishefte, Bd. 7. Hamburg/Berlin

Horkheimer, Max (1937/1980): Traditionelle und kritische Theorie. Frankfurt

Klatetzki, Thomas (1993): Wissen was man tut. Professionalität als organisationskulturelles System. Bielefeld

Kunstreich, Timm (1994): Ist kritische Sozialarbeit möglich? In: Widersprüche. Zeitschrift für sozialistische Politik im Bildungs-, Gesundheits- und Sozialbereich 14. Jg., Heft 50, S. 85–100

Kunstreich, Timm (2000): Grundkurs Soziale Arbeit. Sieben Blicke auf Geschichte und Gegenwart Sozialer Arbeit, Bd. 1. Bielefeld

Kunstreich, Timm (2001): Grundkurs Soziale Arbeit. Sieben Blicke auf Geschichte und Gegenwart Sozialer Arbeit, Bd. 2. Bielefeld

Marx Engels Werke 3 (1973): Deutsche Ideologie. Berlin

Müller, C. Wolfgang (2008): Wie helfen zum Beruf wurde. Eine Methodengeschichte der Sozialarbeit. Weinheim

Neuweg, Georg (2001): Könnerschaft und Implizites Wissen. Zur Lehr- und lerntheoretischen Bedeutung der Erkenntnis-und Wissenschaftstheorie Michael Polanyis. Münster

Mannschatz, Eberhard (2003): Gemeinsame Aufgabenbewältigung als Medium sozialpädagogischer Tätigkeit. Berlin

Schumann, Michael (1995): Hans Falck: Plädoyer für eine Sozialarbeitswissenschaft. In: Wieler, Joachim/Zeller, Susanne (Hrsg.): Emigrierte Sozialarbeit. Freiburg, S. 76–88

Türk, Klaus (1995): Die Organisation der Welt. Herrschaft durch Organisation in der modernen Gesellschaft. Opladen

Weber, Joachim (2003): Philosophie des Helfens. Münster/Hamburg/London

Die Membership-Theorie als Forschungsperspektive

Marcus Hußmann

Bis zum Jahr 2010 untersuchte ich im Rahmen einer qualitativen Studie Fallprozesse von Jugendlichen aus Bahnhofs- und Straßenszenen. Meine anfänglichen Recherchen zeigten, dass trotz der umfangreichen Forschungsaktivitäten im Feld der Jugendhilfe bislang kaum und nicht systematisch die Perspektive auf Relationierungen, zum Beispiel zwischen Professionellen und (betreuten) Jugendlichen verfolgt wurde. Stattdessen liegen Ergebnisse vor, die entweder einzelne Angebote der Jugendhilfe, zum Beispiel aufsuchende Hilfen, oder – weitaus umfangreicher – biografische Merkmale von Jugendlichen, wie etwa Erlebnisse in der Kindheit oder der Bahnhofsszene fokussieren. Ich erarbeitete daraufhin erste relationale Fragestellungen und die Membership-Theorie bot sich zur Begriffsklärung und theoretischen Fundierung meiner Fragen an, da sie beide Aspekte gleichermaßen erfüllt. Darüber hinaus bietet sie eine spezifische Sicht auf die Praxis der Sozialen Arbeit, sodass die Ergebnisse meiner Studie „Besondere Problemfälle Sozialer Arbeit in der Reflexion von Hilfeadressaten aus jugendlichen Straßenszenen" (2011) anhand einiger Grundaussagen der Theorie vertieft werden konnten.

Ich habe während und nach meinem Arbeitsprozess der Untersuchung zwei Vorträge im Rahmen der Hans-Falck-Vorlesungen an der Evangelischen Hochschule für Soziale Arbeit und Diakonie Hamburg (Rauhes Haus) gehalten, den einen aus Anlass des Fachgespräches zur Membership-Theorie am 31. Oktober 2008, den anderen als 2. Hans-Falck-Vorlesung am 7. Oktober 2010. Der erste Vortrag stellte die Theorie vor, um den Zuhörer_innen eine Diskussionsbasis für einen Diskurs zu liefern. Der zweite Vortrag zeigte vor allem die Ergebnisse meiner Studie auf. Der hier vorliegende Beitrag umfasst die wesentlichen Inhalte aus beiden Vorträgen mit dem Schwerpunkt auf die Erörterung der Membership-Theorie.

Aus der meiner 2011 publizierten Untersuchung sind bislang insgesamt zwei weitere Veröffentlichungen mit interschiedlichen Schwerpunkten (Hußmann 2013 und 2014) entstanden[1].

---

[1] Die Inhalte dieses Textes stellen im Wesentlichen zusammengefasste und in Teilen überarbeitete Ausschnitte der Publikation aus 2011 vor. Es wird aufgrund einer besseren Lesbarkeit

Relationale Perspektiven auf Teilnehmende im Handlungsfeld von Bahnhofs- und Straßenszenen

Wozu jedoch noch eine weitere Studie zum Thema „Jugendliche in Bahnhofs- und Straßenszenen"? Denn es existieren bekanntermaßen bereits viele empirische Informationen über ein Phänomen, welches man in den benannten Straßenszenen antrifft: Jugendliche und junge Erwachsene, die im Licht der öffentlichen Straßen- und Bahnhofsszenen Alkohol und illegalisierte Drogen konsumieren, die versuchen, an Geld heranzukommen, zum Beispiel durch Schnorren oder durch Diebstähle, die sich prostituieren oder Autos aufbrechen und damit herumfahren etc. Die deutsche Forschungslinie hat in den letzten 35 Jahren zudem Begriffsdefinitionen für dieses Phänomen hervorgebracht, die inkonsistent scheinen und umstritten sind, zum Beispiel „Straßenkinder", „besonders Schwierige" oder „Jugendliche in besonderen Problemlagen" (zu den Studien und den Ergebnissen des Forschungsstandes vgl. Hußmann 2007 und 2011). Übereinstimmungen existieren hingegen in der Einschätzung, dass neben familialen bzw. sozialen und ökonomischen Mangellagen auch professionelle Handlungslogiken der Kinder- und Jugendhilfe zu den sogenannten „Risikofaktoren" für die Entstehung jugendlicher „Straßenkarrieren" (u.a. Permien/Zink 1998) zählen. Vor allem dem Fallverstehen bzw. der sozialpädagogischen Diagnostik in der Jugendhilfe und Jugendsozialarbeit werden Defizite bescheinigt (u.a. Bodenmüller/Piepel 2003). In den zurückliegenden Neunzigerjahren wird vereinzelt darauf hingewiesen, dass auch Erwachsene ein Bestandteil des Phänomens seien und der Fokus nicht nur auf die Jugendlichen, sondern gleichfalls auf professionelle Handlungslogiken gerichtet werden sollte (vgl. Allert 1993; Lembeck 1995). Die damit bereits früh eröffnete relationale Perspektive wurde von weiteren Untersuchungen aber nicht systematisch verfolgt. Der ansonsten vergleichsweise hervorragend ausgearbeitete Forschungsstand aus unterschiedlichen Disziplinen bietet jedoch eine sehr gute Basis für anschlussfähige und relationale Untersuchungsfragen.

Von einer weiteren Studie zu einem bereits umfangreich erforschten Feld versprach ich mir insbesondere Informationen über die Qualität wechselseitiger Handlungserwartungen aus dem Feld der Jugendhilfe. Ich konzentrierte meine Forschungsfragen zum einen auf die unterschiedlichen Episoden der Fallverläufe von Jugendlichen mit Straßen- und Jugendhilfekarrieren sowie auf ihr daraus generiertes Wissen. Zum anderen interessierten mich die Interaktionen zwischen den Akteuren, die in Fallprozessen jugendlicher Szene-

---

darauf verzichtet, einzelne Inhalte oder Sätze durch konkrete Seitenzahlangaben aus dem Buch auszuweisen.

gänger tätig sind – dies sind alle beteiligten Jugendlichen, Pädagog_innen, Eltern und wer sonst noch präsent ist. Zudem setzte ich einen Schwerpunkt auf die Bereiche Fallverstehen und Diagnostik, zu denen zu Beginn meiner Befragung sowohl empirische Grundlagen als auch die subjektive Sicht von Kindern und Jugendlichen zu wichtigen Themen fehlten. Ich entwickelte schließlich ein qualitatives, themenzentriertes und tiefenhermeneutisch angelegtes Forschungsdesign unter anderem in Anlehnung an Flick (1996) und Leithäuser et al. (1988), das die Aussagen von acht Jugendlichen und jungen Erwachsenen aus der Hamburger Hauptbahnhofsszene zum Ausgangspunkt der Untersuchung machte.

Der Begriff der „Relationierung" wurde der Studie als ein Schlüsselkonzept zugrunde gelegt. Es umfasst die Beziehungen und Positionierungen verschiedener Akteure zueinander, beinhaltet den Blick auf soziale und institutionelle Netzwerke und nimmt professionelles und Alltagswissen und -handeln in den Blick. Mithilfe des Schlüsselkonzepts stellte ich die zentrale und zugleich allgemeine Frage nach der wechselseitigen Konstitution von Handlungen zwischen Professionellen und adressierten Jugendlichen mit Jugendhilfe- und Szeneerfahrungen. Ich fragte zwar nach der Qualität und der Gestaltung solcher Handlungen unter den Bedingungen prekärer Lebenslagen, jedoch nicht nach deren Wirksam- oder Messbarkeit. Ich legte auch keine vorab definierten Qualitätsmaßstäbe an, wie man sich gelingende Handlungen zwischen Sozialarbeitern und Jugendlichen vorstellen sollte – etwa im Sinne einer erfolgreich verlaufenden und nach zwei Jahren beendeten „Hilfe zur Erziehung" (gemäß Achtes Sozialgesetzbuch §§ 27ff.) oder der adäquaten und zielgenauen Diagnose zur Einleitung einer solchen Hilfemaßnahme. Mich interessierte vielmehr die „Teilnehmerperspektive" (Kunstreich 2003, S. 67) derer, die – eben als Teilnehmende – im Kontext von Fallprozessen agieren. Die Teilnehmenden sollten mir ihre entsprechenden Maßstäbe mitteilen.

Das Schlüsselkonzept der „Relationierung" und die damit einhergehenden Entscheidungen für den Forschungsprozess rahmte ich durch die theoretische Konzeption des Membership. Darüber sollten nicht nur die Rolle, die Position und die Lebenslage von Adressat_innen der Sozialen Arbeit fokussiert werden, sondern auch die Beteiligung von Fachkräften und anderen Akteuren im Fallprozess. Zudem qualifiziert die Theorie begrifflich die eben erwähnte Teilnehmendenperspektive.

Sowohl Datenerhebung als auch -auswertung erfolgten entlang der Aussagen der interviewten acht jungen Menschen. Eine Untersuchung von Relationen könnte überdies Sichtweisen all jener Akteursgruppen aufeinander beziehen, die im Zusammenhang von Bahnhofs- und Straßenszenen für Jugendhilfe eine Rolle spielen. Ein solcher Zugang wurde von mir vor allem aus Kapazitätsgründen nicht verfolgt und müsste weiteren Studien vorbehalten bleiben.

Grundlagen und Begriffe der Membership-Theorie

1997 ist die deutschsprachige Ausgabe über die Membership-Theorie erschienen mit dem Titel: „Membership. Eine Theorie der Sozialen Arbeit." Dieser Titel verwundert zunächst, handelt es sich doch um eine deutsche Übersetzung. Warum wurde der Terminus technicus „Membership" nicht übersetzt? Schumann und Zinnecker schreiben im Vorwort zur deutschen Ausgabe über die Übersetzungsarbeit Folgendes: „Nach vielen Versuchen, die alle wieder verworfen wurden, einigte sich das Übersetzungsteam darauf, den Begriff [Membership, M.H.] nicht zu übersetzen. Unter den äquivalenten Begriffen, die die Prüfung nicht bestanden, befanden sich unter anderem Mitgliedschaft – Zugehörigkeit – Zugehörigsein – Mitgliedsein. Der deutsche Begriff ‚Mitglied' und ‚Mitgliedschaft' hat sich auf die Bedeutung einer sozialen Zugehörigkeit zu einem Verein oder einer Organisation verengt, während im amerikanisch-englischen die biologische, organische Verbundenheit (erkennbar im Wortstamm ‚Glied') sich noch erhalten hat – und auf diesen doppelten Wortsinn kommt es bei der Membership-Theorie gerade an" (Schumann/Zinnecker 1997, S. IXf.).

Die hier erwähnte „organische Verbundenheit" ist eine Komponente der beiden axiomatischen Grundaussagen der Theorie: „dauerhafte Verbundenheit" und „bedingte Zugänglichkeit".

(1) Die „dauerhafte Verbundenheit" ist eine Verbundenheit zwischen allen Menschen dieser Erde, die als „Member" miteinander verbunden sind.

Falck fasst Sozialarbeit und die darauf beruhende Praxis mit dem Begriff des Membership (Falck 1997, S. XV) als einer dauerhaften Verbundenheit, in der alle Komponenten eines Ganzen „permanent durch gemeinsame Bedürfnisse, gemeinsames Funktionieren und Voraussetzungen des Überlebens verbunden sind. Dieses Prinzip drückt die Tatsache aus, dass der Mensch von der Zeugung bis zum Tod mit anderen Menschen ... verbunden ist. Es gibt keine Leerräume zwischen Membern, auch wenn dies so scheint" (ebd., S. 23). Die Beziehungen einer Person liegen somit nicht außerhalb des Members, man kann vom Membership nicht zurücktreten und auch nach dem Tod ist es zwischen dem Überlebenden und dem Verstorbenen erfahrbar (vgl. ebd., S. 23f.). „Es ist unmöglich, als autonomes Individuum zu bestehen" (Falck, 1986, S. 151). Zum Beispiel ist bereits jede Interaktion Ausdruck von Verbundenheit.

(2) Die dauerhafte Verbundenheit wird in der Theorie durch ein zwei-
tes Axiom konkretisiert, das Falck „bedingte Zugänglichkeit"
nennt: „Das Prinzip des bedingten Zugangs sagt aus, dass der Zugang eines Members zu einem anderen von eindeutigen (Selekti-
ons-) Bedingungen abhängt" (Falck 1997, S. 24), zum Beispiel in
Form von Regeln.
So sind Interaktionen zwar ein Ausdruck von Verbundenheit, der
Zugang zu Interaktionen ist jedoch an bestimmte Bedingungen
und Kontexte gebunden.
Dauerhafte Verbundenheit und bedingter Zugang beschreiben die
zwei Prinzipien der Membership-Theorie. Im Unterschied zum
Begriff „Individuum" werden mit „Member" Pluralität und Konti-
nuen beschrieben. „Alles, was jenseits eines gegebenen Members
existiert, ist also Teil der Definition des Members" (Falck 1997,
S. 35). Wenn man von einem „Member" spricht, impliziert man
immer auch andere Member. Gruppe, soziale Organisation und
Gesellschaft sind gleichsam in diesem Begriff aufgehoben. Sie existieren als Membership-Konstellationen im gegebenen Member
und nicht außerhalb oder ihm gegenüberstehend.
Eine solche Betrachtung kann als ein alternatives Paradigma Sozialer Arbeit gelten, die in der Regel Individuen, Gruppen oder „das
soziale Umfeld" in einen komplementären Zusammenhang stellt.
Der Gedanke des alternativen Paradigmas kann besonders durch
Falcks Kritik am vorherrschenden Paradigma, einem isolationisti-
schen Individualismus verdeutlicht werden. Falck zeigt anhand
vieler Beispiele, dass in der hiesigen und vor allem der US-
amerikanischen Theoriediskussion Sozialer Arbeit ein Individualismus vorherrscht, der Individuen von ihrer Umwelt spaltet. Diese
Zweiteilung nennt er „das Duale Modell Sozialer Arbeit". Das Individuum sei darin die grundlegende menschliche Einheit für So-
zialarbeiter_innen und die „Grundeinheit der Einzelfallhilfe"
(ebd., S. 2). Die Gruppe hingegen werde im dualen Modell dem
Individuum gegenübergestellt. „Obwohl die Gruppe das augen-
scheinliche Objekt der meisten Gruppentheorien in der Sozialen
Arbeit ist, ist das Individuum die eigentliche Behandlungseinheit
der meisten Gruppenarbeiter, wobei die Gruppe nur das Mittel
zum Zweck ist, den Einzelnen zu verändern [...]. In der Theorie
der Sozialen Arbeit ist die Gruppe selten das Ziel der sozialarbeiterischen Praxis" (1997, S. 3). Die Spaltung im dualen Modell in Individuum einerseits und Gruppe andererseits, oder in Teile und System wird auf unterschiedliche Weise wieder zusammengefügt.
Theoretiker_innen wie Praktiker_innen gehen verschieden mit

dieser Spaltung um, aus der im Folgenden eine Variante vorgestellt wird. Falck nennt sie die additive Variante, die das Individuum als elementarste Einheit menschlichen Lebens beschreibt und die in Wissenschaft und im Alltagsdenken dominiert.

- „Sie kombiniert das Individuum mit einem Gegenstück, beispielsweise der Gruppe. Dies ist die additive Variante, die das betrachtet, was außerhalb des Individuums liegt" (ebd., S. 14). Dieser Ansatz werde verwendet, um die Zweiteilung in Individuum und Gruppe zu kitten, ausgedrückt durch den Begriff „UND".

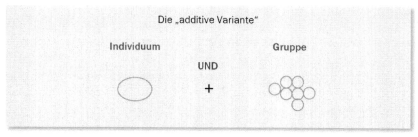

Quelle: Hußmann, 2011, S. 341

Durch die Strategien dieser und der anderen, hier nicht aufgeführten, Varianten wird der Mensch als Individuum konzeptualisiert und die Umwelt bzw. die Gruppe ist dessen Gegenstück.[2]

In der Membership-Theorie stehen die Member nicht getrennt gegenüber, sie sind keine Teile, sondern Komponenten eines Ganzen (Falck 1986, S. 149). Nicht als Teile, die auch für sich stehen könnten, sondern als interdependente Komponenten sind sie dauerhaft unter den Selektionsprinzipien eines bedingten Zugangs miteinander verbunden.

Im Weiteren nimmt Falck wissenschaftliches Wissen aus den Bezugsdisziplinen auf, zum Beispiel aus der medizinischen Forschung, aus der Psychoanalyse, aus der Objektrelationstheorie oder aus der Wissenssoziologie und bezieht es auf die Grundaussagen von Membership (Falck 1986, S. 158). Daraus gewinnt er vier menschliche Funktionen:

1. Membership in der Biologie
2. Membership als sozialer Prozess

---

2   Diese Varianten werden in Falck, 1997, auf den Seiten 14ff. vorgestellt. Ein Überblick findet sich auch in dem ersten Beitrag von Kunstreich in diesem Band.

3. Membership als Bedeutung
4. Membership als intrapsychischer Prozess

Die Prinzipien „dauerhafte Verbundenheit" und „bedingte Zugänglichkeit" finden sich in diesen vier menschlichen Funktionen wieder, zum Beispiel in der pränatalen Existenz und der postnatalen psychologischen Symbiose, in den Strukturen und Funktionen menschlicher Zellen, in selektiv organisierten sozialen Interaktionen, in der Verinnerlichung mitmenschlicher Beziehungen oder in der andauernden Interpretation von Bedeutungen der eigenen Handlungen und des Verhaltens anderer (vgl. ebd., S. 151f.).

Mit diesem Modell menschlicher Eigenschaften eröffnet Falck einen dynamischen Theorie-Bezug und eine Mehrebenenperspektivität für die Soziale Arbeit. Zudem legt er damit eine Handlungstheorie vor und eröffnet auch für die Praxis ein dynamisches Prinzip, das er das „Membership-Verhalten" (ebd., S. 154) nennt. „Die Prinzipien, auf denen Praxis beruht, fordern vom Praktiker, dass er das Verhalten und die Verhaltensmuster des Klienten präzise zu begreifen und zu verstehen versucht. Sie helfen auch wiederum bei der Entscheidung, wann und wie geholfen wird und welche Mittel im Hilfeprozess einzusetzen sind" (ebd.). In diesem Konzept stellen sowohl Klient_in als auch Sozialarbeiter_in prinzipiell gleichwertige Member dar, die in der helfenden Beziehung jedoch unterschiedliche Aufgaben übernehmen.

„Dauerhafte Verbundenheit", „bedingte Zugänglichkeit" sowie „vier menschliche Funktionen im Membership-Handeln" geben der Sozialen Arbeit Orientierung zur Bearbeitung von konkreten sozialen Situationen, was Falck anhand verschiedener Praxisbeispiele verdeutlicht. Deren Qualität charakterisiert er als positives, negatives und zweideutiges Membership (Falck 1997, S. 32 ff.) und formuliert damit gewissermaßen ein ethisches Fundament von Membership. Im positiven Membership ist das eigene Leben anderen wichtig, es entstehen erfreuliche Interaktionen, und es existiert ein Zugehörigkeitsgefühl etc. Im negativen Membership – das trotzdem Membership ist – dominieren u. a. Ausgrenzung, Ungerechtigkeit sowie ein Gefühl von Fremdheit. Häufig liegt ein zweideutiges Membership vor, das sowohl aus positiven als auch aus negativen Membership-Eigenschaften besteht. Für Falck sind zwar nicht die Existenz und die o. g. Prinzipien, jedoch die Qualität und die Eigenschaften von Membership durch Member verform- und veränderbar. Was jeweils als positives, negatives oder zweideutiges Membership erlebt wird, kann sich nur in den realisierten Relationen generieren, kann also nicht normativ von außen festgelegt werden. Falck schreibt: „Es soll erkannt werden, dass – unabhängig von den Membership-Eigenschaften in einer gegebenen Lage – alle Member Menschen sind, die ihr eigenes Leben und das Leben anderer beeinflussen können" (Falck 1997, S. 34). Einfluss haben nicht nur die „sichtbaren" Gruppen, sondern auch jene, die zum Beispiel in der Interaktion zwischen Sozialarbeiter und „Klient" nicht sichtbar werden. Falck bezeichnet sie als „unsichtbare Gruppen" (ebd., S. 46ff.). Eine sozialarbeiterische Intervention agiert darum stets im Membership und nicht am Individuum.

Diese hier knapp skizzierten Grundaussagen der Membership-Theorie wurden in meiner Studie nach einer thematischen Codierung und einer tiefenhermeneutischen Analyse des gesamten Datenmaterials hauptsächlich zur theoretischen Abstraktion herangezogen. Die Erfahrungen und Interaktionen meiner Interviewpartnerinnen und -partner mit der Kinder- und Jugendhilfe sowie mit primären und sekundären Bezugspersonen ließen bestimmte Muster erkennen. Ich habe sie als „Relationsmuster" bezeichnet und unter anderem in einem Spannungsfeld von negativem und positivem Membership gruppiert.

Relationsmuster im Spannungsfeld zwischen negativem und positivem Membership

Die empirischen Ergebnisse meiner Studie werden hier nur einleitend erwähnt, da in diesem Beitrag insbesondere die theoretischen Abstraktionen durch die Membership-Theorie interessieren.

Die interviewten acht Jugendlichen und jungen Erwachsenen erzählten über unterschiedliche biografische Erfahrungen und Erlebnisse, die sie in ihrer Kindheit, Jugend und mit der Kinder- und Jugendhilfe machten. Sie berichteten u. a. über bedrohliche Situationen bei (Stief-)Eltern und in Jugendhilfeeinrichtungen, über ihr spannendes und zuweilen auch schweres Leben in Straßen- und Bahnhofsszenen, über den Wunsch nach Zugehörigkeit und Liebe, über Zukunftspläne, über die Bedeutungen von „Maßnahmeketten" der Kinder- und Jugendhilfe, von Abschieden und Trennungen, über verlässliche und geschätzte Betreuer_innen, über geschlossene und milieuferne Unterbringungen. Das Hilfesystem trat bei den Befragten in unterschiedlichen Lebensphasen und nach verschiedenen Ereignissen auf: bei manchen zum Beispiel aufgrund von häuslicher Gewalt und Unterversorgung im Kindesalter, bei anderen nach Polizeimeldungen oder Trebeerfahrungen als Jugendliche. In den meisten der acht Fallprozesse sind sowohl gute wie auch schlechte Erlebnisse mit der Kinder- und Jugendhilfe dargestellt. Sieben der acht jungen Menschen blicken auf mehrere Jugendhilfemaßnahmen zurück und können somit als sehr hilfeerfahren bezeichnet werden.

Die Ergebnisse der thematischen Codierung und der tiefenhermeneutischen Analyse habe ich anhand von unterschiedlichen theoretischen Deutungsmustern, die hier nicht ausgewiesen werden (ausführlich: Hußmann, 2011), in einem, im wissenschaftlichen Sinne eher eklektischen Vorgehen vertieft und interpretiert. Aus der theoretisch-analytischen Verallgemeinerung sind vier unterschiedliche Handlungstypologien entstanden, die ich, wie oben erwähnt, als Relationsmuster bezeichnet habe. Der Begriff „Muster" weist darauf hin, dass bestimmte, wechselseitige und aufeinander abgestimmte Anordnungen von Interaktionen und Positionierungen zu erkennen sind.

Entstanden sind:
1. das Relationsmuster der seriellen Selbstbezogenheit
2. das Relationsmuster der fortschreitenden Schließung
3. das Relationsmuster der bestätigenden Öffnung sowie
4. das Relationsmuster der gemeinsamen Aufgabenbewältigung.

Da die ersten beiden Relationsmuster die Eigenschaften eines „negativen Membership", die letzten beiden die eines „positiven Membership" erfüllen, habe ich sie, wie oben erwähnt, in einem Spannungsfeld angeordnet, deren Pole jeweils die Extreme der Relationsmuster darstellen und dazwischen fließende Übergänge aufweisen.

Am Pol des negativen Membership trenne, nach Falck, „besonders das Gefühl von Entfremdung oder Fremdheit [...] die Tatsache des Membership von der Wahrnehmung des Membership. Wahr ist, dass Menschen Member sind, wahr ist aber auch, dass tausende Menschen merken, dass sie es nicht sind. [...] Sie fühlen sich abgetrennt und vertrauen den sozialen Strukturen nicht mehr, die sie als unfair einschätzen. [...] Die Frage ist immer: ‚Gehören wir dazu? Werden wir als ganze und gleiche Member angesehen und akzeptiert?' Nach dem Prinzip des bedingten Zugangs wird die Frage in der Regel bejaht, aber innerhalb dieser Überlegungen treten schwerwiegende Probleme auf" (Falck 1997, S. 33).

Das Relationsmuster der seriellen Selbstbezogenheit (1) am Pol eines negativen Membership beinhaltet professionell verwaltete, wiederkehrende und zum Teil zirkulär organisierte Interventionen. Anliegen von Adressaten werden instrumentell zur Kenntnis genommen und in die Logik des Seriellen, in dem weniger die beteiligten Akteure, sondern mehr die Produktionsprozesse im Vordergrund stehen, sowie der damit einhergehenden Selbstbezogenheit der Hilfesysteme überführt (vgl. Hußmann 2011, S. 511). Sozialpädagogische Eingriffe (vgl. Müller 1997), zum Beispiel bei Gefährdungen des Kindeswohls, stellen hier unsystematisch angelegte und unbeständige lebensweltunterstützende oder -ersetzende Maßnahmen dar. Im Jugendalter werden den betroffenen Jugendlichen solche Maßnahmen zuweilen als Hilfsangebot ohne Wahlmöglichkeit vorgestellt. Die Selbsthilfepläne der jungen Menschen werden dabei missachtet. Diese Entwicklungen sind der Beginn von spezifischen Ausgrenzungsprozessen, die fließend in eine fortschreitende Schließung der Fallprozesse übergehen, die aber auch eine eigene Rolle spielt.

Das Relationsmuster der fortschreitenden Schließung (2) ist gekennzeichnet von Zuständigkeitsüberführungen in zumeist höher spezialisierte (Jugendhilfe-)Einrichtungen. Die damit einhergehenden Abbrüche von vorherigen Erziehungshilfen und Betreuer_innen werden von den jungen Menschen unterschiedlich verarbeitet und bewertet, zum Beispiel als schmerzhafter Verlust, als Scheitern, als Befreiung, als ein bekanntes und stetig wiederkehrendes Erlebnis etc. Solche Verweisungsprozesse hält die Kinder- und Jugendhilfe „auf Vorrat" vor (vgl. Langhanky et al. 2004, S. 57f.). Aus der Perspektive der Befragten stellen sie eine Praxis der Sozialdisziplinierung dar, denn sie werden immer dann ausgelöst, sobald der oder die Betreute gegen Regeln agiert. Hier ist anzumerken, dass sich „Regeln" je nach dem institutionellen Setting (Schule, Pflegefamilie, Wohngruppe, sozialtherapeutische oder (teil-)geschlossene Einrichtung u.a.) sowohl quantitativ als auch qualitativ deutlich unterscheiden. In der Summe machen die jungen Menschen widersprüchliche Erfahrungen mit den Bedingungen und Anforderungen, denen sie sich fügen sollen oder die sie erfüllen müssen.

Jede Ausweisung aus einer Hilfeeinrichtung heraus in eine, zumeist höher spezialisierte Einrichtung hinein verschließt bzw. beendet zuerst die vertrauten sozialen Bezüge. Mit jeder weiteren Ausweisung werden die Betroffenen fortschreitend ausgegrenzt. Da diese Ausgrenzung innerhalb des Jugendhilfesystems erfolgte, kann sie in Anlehnung an Opitz als eine „inkludierende Exklusion" (Opitz 2007, S. 48) bezeichnet werden. Umgeben von „Hilfen" scheint eine tatsächliche Unterstützung unerreichbar zu sein.

Aneinanderreihungen von Erziehungshilfen und Interventionen zerlegen zudem die Lebensläufe der Jugendlichen in zeitliche Lebensabschnitte an verschiedenen Orten. Auch die Arbeitsbündnisse zwischen Betreuten und Betreuenden verlaufen mit zunehmender Gewissheit zeitlich begrenzt. Die einzelnen Sequenzen an unterschiedlichen territorialen und kommunikativen sozialen Räumen weisen die Bedeutung von klientelen Statuspassagen auf. Professionelle übernehmen dabei die Agentenfunktion über die Statuspassagen. An der „Spitze" der fortschreitenden inkludierenden Exklusion stehen geschlossene Unterbringungsformen.

Werden die Relationsmuster (1) und (2) vor dem Hintergrund der Membership-Theorie betrachtet, bilden sie, wie oben dargestellt, im gedachten Kontinuum zwischen dem „negativen" und „positiven" Membership den äußeren, negativen Pol.

In beiden Relationsmustern werden die Memberships des Hilfesystems mit den betreuten Jugendlichen sequenziell und temporär verbunden. Der Zugang zu den vorhandenen Memberships der jungen Menschen wird zwar ebenso vorrübergehend, jedoch nachhaltiger verschlossen. Der bedingte Zugang zur Kinder- und Jugendhilfe ist durch wechselnde Bedingungen mit teils unklaren Verhaltenserwartungen den Jugendlichen gegenüber gekennzeichnet. Sie erscheinen unkalkulierbar, nicht nachvollziehbar, behindernd oder inakzeptabel, wenn zum Beispiel intransparente Punktesysteme zur Verhaltenssteuerung befolgt werden sollen, eine Kleiderordnung vorgeschrieben wird oder Freundschaften im Heim untersagt werden.

Die Bedeutung von internalisierten Membership-Beziehungen, zum Beispiel zu Familienangehörigen oder „Beziehungspädagog_innen", kann von der seriellen, selbstbezogenen und alternativen verschließenden Fallsteuerung nicht hinreichend berücksichtigt werden. In beiden Relationsmustern gehören Reinszenierungen von traumatischen Beziehungserfahrungen der (frühen) Kindheit zum Handlungsrepertoire von Professionellen. Pädagogische Interventionen der Sozialdisziplinierung, allen voran die Methoden aus der sog. konfrontativen Pädagogik, sind manchen traumatischen Erlebnissen mit primären Bezugspersonen sehr ähnlich und führen zuweilen zu psychischen Krisen der Teenager.

Am Pol des negativen Membership erleben die Betreuten monologisch geführte und diskreditierende Interaktionsmuster mit Professionellen. Aufgrund der Missachtung von Selbsthilfeplänen oder fehlenden Wahlmöglichkeiten werden sie an der Produktion ihrer eigenen Fallprozesse nicht beteiligt. Der strikt monologisch gestaltete bedingte Zugang zu Hilfeleistungen der Sozialen Arbeit verschließt außerdem lebensweltliche Ressourcen, was die Selbstbezogenheit von Professionellen verstärkt. Die Einleitung von (wiederkehrenden) Erziehungsmaßnahmen wird über ein individualisierendes Problem- und Fallverständnis der Fachkräfte verwaltet. Auf eine Individualisierung von sozialen Problemen folgen personenbezogene, behandlungsorientierte, sozial disziplinierende und zum Teil isolierende pädagogische Interventionen. Die strikt individualistisch ausgerichteten Interventionen verschließen Handlungsalternativen und Bezüge zu alternativen Memberships.

Jugendliche, die darüber ihre Hilfeerfahrungen machen, misstrauen früher oder später sämtlichen Zugängen der Kinder- und Jugendhilfe, dazu zählen auch Beziehungsangebote von Betreuer_innen oder besonders attraktive Freizeitangebote in Einrichtungen. Bezogen auf die Eigenschaften von sozialen Handlungen aus der Membership-Theorie agieren die professionellen Memberships entmächtigend. Sie organisieren zirkuläre Zugangsformen zu konstant scheiternden sozialen Handlungen an separierten Orten.

Die Relationsmuster der bestätigenden Öffnung (3) und der gemeinsamen Aufgabenbewältigung (4) stehen am anderen Pol des oben benannten Spannungsfeldes und werden mit Rätz-Heinisch (2005) hier als gelingendes Handeln in „aussichtslosen Fällen" (ebd.) verstanden.

Im Relationsmuster der bestätigenden Öffnung (3) bestehen reziprok-rezeptive Interaktionen zwischen Professionellen und jugendlichen Adressaten. Während der (Spät-)Adoleszenz unterstützen sie die Entwicklungsaufgaben von Ablösung und Transformation.

Beziehungen, von manchen Befragten auch als „Bindung" zu Professionellen und Gleichaltrigen der jeweiligen Sozialitäten gekennzeichnet, nehmen, wie auch im vierten Relationsmuster, eine grundlegende Bedeutung in Arbeitsbündnissen ein. Den betreuten jungen Menschen steht eine konkrete Bezugspädagog_in aus einer – in Fallprozessen von aneinander gereihten Hilfemaßnahmen (s. o.) mitunter sehr hohen – Anzahl von Fachkräften zur Verfügung. Mit dieser Bezugsperson werden entwicklungsfördernde Prozesse auch im Zusammenhang von Ausgrenzungs- und Mangelerfahrungen sowie negativen Erlebnissen mit der Kinder- und Jugendhilfe realisiert. Im Relationsmuster der bestätigenden Öffnung stehen zumeist professionelle Mehrpersonensettings und eine tatsächliche Wahlmöglichkeit von Bezugsbetreuer_innen für entwicklungsfördernde Arbeitsbündnisse zur Verfügung. Die Bezugspädagog_innen bieten dafür sicher organisierte Bindungsqualitäten und eröffnen interaktive Räume für Auseinandersetzung. Die jungen Menschen erhalten darin Möglichkeiten zum Explorieren und eine professionelle Unterstützung zur Emanzipation.

In der pädagogischen Beziehung erfahren sie Wertschätzung ihrer selbst willen und eine Bestätigung ihrer Sichtweisen. Die Fachkräfte garantieren unabhängig des jugendlichen Verhaltens die Beziehung zu ihren Betreuten. In psychodynamischer Hinsicht können die Jugendlichen somit positive Beziehungserfahrungen internalisieren und darüber auch Selbstfürsorge ausbilden.

In einem fließenden Übergang vom Relationsmuster der bestätigenden Öffnung befindet sich das Relationsmuster der gemeinsamen Aufgabenbewältigung (4)[3]. Es verdeutlicht, dass gelingende Fallprozesse nur aus dem Zusammenwirken von Adressat_in und Fachkraft realisiert werden können und keine einseitig zu erfüllenden Aufgaben sind. In der Schnittmenge zwischen dem dritten und vierten Relationsmuster sind sichere Beziehungen zu Fachkräften sowie soziale Räume für Ablösung, Transformation und Exploration vorhanden. Damit wird ein doppelter Kontextbezug gewährleistet, der sich einerseits auf die Beziehungs- und Ausgrenzungserfahrungen der jungen Menschen richtet und andererseits mit der Einbettung in eine neue Beziehungserfahrung einen „Lernvorteil" (vgl. Grossmann/Grossmann 2007, S. 284) bietet. Die Arbeitsbasis der gemeinsamen Aufgabenbewältigung besteht aus fundamental partizipativ strukturierten Settings. Dabei liefern insbesondere die Arbeitsprinzipien Niederschwelligkeit und Akzeptanz die Vorgaben für das konkrete methodische Handeln im Umgang mit Kontrollfunktionen.

---

3 Den Begriff der „gemeinsamen Aufgabenbewältigung" habe ich der Makarenko-Rezeption entnommen (vgl. Mannschatz 2003)

An die Stelle von fernen Zieldefinitionen rückt die Arbeit mit vorhandenen Situationspotenzialen sowie ein experimentelles Vorgehen in einer prinzipiellen und fachlich anerkannten Ungewissheit (vgl. außerdem die Ergebnisse von Rätz-Heinisch 2005 sowie die Ausführungen von Julien 1999). Ziele und Pläne haben somit einen hohen Bezug zur Gegenwart und können kurzfristig angepasst werden. Die daraus entstehenden Ergebnisse führen zu neuen Perspektiven.

Die gemeinsame Aufgabenbewältigung agiert ohne defizitäre und einseitig definierte Hilfsbedürftigkeitskonstruktionen. Anliegen werden vielmehr gemeinsam erarbeitet und Hilfestellungen orientieren sich an gemeinsam geteilten Vorstellungen von sozialer Gerechtigkeit.

Im Rahmen der Membership-Theorie nehmen die Relationsmuster (3) und (4) die Bedeutung von positiven Memberships ein.

An diesem Pol existiert eine Variation von Zugangsbedingungen zu den Memberships der Sozialen Arbeit, aus denen sich die jungen Menschen einen für sie passenden Weg aussuchen können. Merkmal dieser Zugänge ist, dass sie leicht in die jeweilige Lebenswelt integrierbar sind.

Die Zugehörigkeit zu den professionellen Memberships weist Vorteile auf, zum Beispiel einen bestimmten Gebrauchswert (Essen, Freizeitangebote), Sozialität (Treffen mit Freunden) oder vertrauensvolle Beziehungen (ein parteilicher und engagierter Bezugspädagoge).

Aufgrund einer lebensweltlichen Kopräsenz der professionellen Member entstehen Passungsverhältnisse zu und Arbeitsbündnisse mit Fachkräften. Die Verinnerlichung bisheriger mitmenschlicher Beziehungen oder auch die Interpretation von Bedeutungen der eigenen Handlungen und des Verhaltens anderer kommen als „Membership-Eigenschaften" (Falck, s. o.) im gemeinsamen Arbeitsbündnis zur Sprache. Außerdem beziehen sich sowohl Fachkräfte als auch Jugendliche wechselseitig auf Situationspotenziale, deren Nutzung (Handlungs-)Alternativen eröffnet. Dabei können auch bislang versperrte Potenziale im Membership zugänglich werden.

Über fundamental strukturierte partizipative Settings kommt es zu Öffnungen von systembedingten Zugängen für eine Arbeit am Sozialen, sodass Wendepunkte in den Fallprozessen eingeleitet werden. Dazu zählt zum Beispiel auch eine betreute Unterbringung in einem trägereigenen Wohnraum, die von der Jugendlichen akzeptiert wird und ihr zu mehr Autonomie verhilft.

Fachkraft und Betreute treten sich als prinzipiell gleichwertige Member mit unterschiedlichen Aufgaben gegenüber und entwickeln prospektiv als „helfende Gruppe" (Falck 1997, S. 44ff.) alternative Lebensentwürfe. Die „besonderen Aufgaben" (Falck, s. o.) der Fachkraft werden auch durch die Jugendlichen zugeschrieben, wenn der Betreuer im Heim zum Beispiel als ein

„väterliches Vorbild" und die Bezugspädagogin der Mobilen Arbeit als „mütterlich" gekennzeichnet werden, um die Entwicklungsphasen der Adoleszenz zu begleiten. Mit dem Zuweisen solcher besonderen Aufgaben erhalten die Professionellen auch die Erlaubnis (als eine bedingte Zugänglichkeit), um mit den biografisch relevanten Themen der Teenager arbeiten zu dürfen. Aus Sicht der Membership-Theorie ermöglichen die Fachkräfte ihren Betreuten damit einen personalen Zugang zur Internalisierung von positiven Membership-Beziehungen.

Zwischen beiden Polen befindet sich ein Spannungsfeld aus möglichen Mischformen, welche in Anlehnung an Falck als zweideutiges Membership für das Forschungsfeld „Jugendliche in Straßen- und Bahnhofsszenen" gefasst werden kann (ausführlich: Hußmann 2011, S. 570f.). Die Unterscheidung in positives und negatives Membership erscheint mit Blick auf die Handlungsdimensionen der Muster von hoher Relevanz. Sie weist darauf hin, dass Soziale Arbeit vorhandene Membership-Bezüge nicht auflösen oder zerstören kann. Vielmehr gestalten Professionelle bedingte Zugänge (Falck 1997, S. 24f.) und ein Membership-Handeln u. a. für Interaktionsprozesse, Symbolisierungen und Internalisierungen zu neuen oder noch bestehenden Membership-Bezügen

Einige weitergehende Überlegungen zum Stellenwert der Membership-Theorie für die Soziale Arbeit am Beispiel der Relationsmuster

Hans Falck erörtert seine Theorie nahezu ausschließlich vor dem Hintergrund der US-amerikanischen Theorietradition. Ihr Stellenwert für den hiesigen Kontext sowie die Bedeutung ihrer nicht übersetzten Begriffe waren unter anderem Inhalte des kritisch geführten Fachgespräches in 2008 (in diesem Band). Die 2011 publizierte Studie „Besondere Problemfälle der Sozialen Arbeit in der Reflexion von Hilfeadressaten aus jugendlichen Straßenszenen in Hamburg" ist die erste empirische Untersuchung im deutschsprachigen Raum, die mit der Membership-Theorie als metatheoretischer Bezugsrahmen gearbeitet hat. Das in diesem Band dokumentierte Fachgespräch zur Membership-Theorie fand vor der Datenauswertung der Studie statt, sodass die Erfahrungen und Ergebnisse, die mit der empirischen Arbeit und ihrer Bekanntgabe vor Fachpublikum gemacht wurden, noch nicht einfließen konnten. Dieses abschließende Kapitel nimmt diese Erfahrungen auf und versucht, Aspekte zum Stellenwert der „Membership-Theorie" zu diskutieren und empirisch zu exemplifizieren.

Die nicht ins Deutsche übersetzten Begriffe Member und Membership und der von mir in diesem Abschnitt nun eingebrachte Wortgebrauch der „sozialen Mitgliedschaft" bedürfen zunächst einer kleinen Vorbemerkung: Nach Abschluss meiner empirischen Untersuchung habe ich den Begriff der sozialen Mitgliedschaft erstmals im Rahmen eines Vortrages als ein mögliches Äquivalent zum Membership-Begriff vorgestellt. Schon im Rahmen der Untersuchung kam ich zu der Ansicht, dass mit sozialer Mitgliedschaft auch jene Mitgliedschaften im Rahmen der professionellen Sozialen Arbeit empirisch erfasst werden könnten, die nicht mit Organisationen assoziiert sind. Hier ist jedoch anzumerken, dass die Theorie den Membership-Begriff holistischer versteht, als ich ihn zur Interpretation meiner Daten gehandhabt habe, da damit auch biologische Prozesse umfasst werden. Ob der Begriff der sozialen Mitgliedschaft eine geeignete Ergänzung zum Begriff der Zugehörigkeit darstellt, wie Hans Falck selbst Membership übersetzt (in diesem Band) muss noch geklärt werden. Somit kann mein Vorschlag, Membership als soziale Mitgliedschaft zu fassen und beide Begriffe zunächst synonym zu verwenden, lediglich als ein vorläufiges Zwischenergebnis aus meiner Empirie und den ersten Auseinandersetzungen mit ihr und dem Sprachgebrauch der Theorie verstanden werden.

Nach Falck sind alle Menschen stets bestimmten Mitgliedschaften zugehörig und stehen auch in größeren Rahmen, etwa als Mitglieder einer Gesellschaft, in Relation zueinander. Jugendliche mit Zugehörigkeit in Straßen- und Bahnhofsszenen sind als „solche" sozialen Mitglieder in einer bestimmten Relation mit anderen Mitgliedern konstant verbunden. Dazu gehören auch die Eltern oder ehemalige Betreuer, unter denen sie litten und von denen sie geflüchtet sind. Sie werden sie aber als „unsichtbare Member" nicht los und bleiben trotz Szenezugehörigkeit in einer sozialen Mitgliedschaft mit ihnen verbunden. Diese Mitgliedschaft kann man zwar ver-, aber nicht wegwünschen. Daran werden zwei wichtige Aspekte von „Membern" deutlich: Erstens die unauflösbaren sozialen Relationen zu anderen Membern sowie zweitens die Fähigkeit und Notwendigkeit, soziale Mitgliedschaften über die Gestaltung von Zugängen und Relationen zu stärken oder zu schwächen.

Falck macht darauf aufmerksam, dass ein Member ein organisches, dynamisches, psychisches und interaktionistisch ausgerichtetes Verbindungswesen mit Erfahrungswerten ist. Es befindet sich stets in Relation zu anderen und geht über bestimmte Zugangsbedingungen soziale Mitgliedschaften ein.

Die Frage, welchen Stellenwert die Grundlagen der Membership-Theorie für die Soziale Arbeit aufweisen kann, wird daher im Folgenden anhand von drei prägnanten Merkmalen erörtert, die quer zu den vier Relationsmustern (serielle Selbstbezogenheit – fortschreitende Schließung – bestätigende Öffnung – gemeinsame Aufgabenbewältigung) liegen. Es sind dies:

- die Gestaltung von sozialen Mitgliedschaften,
- die Beständigkeit von sozialen Mitgliedschaften sowie
- die Teilnehmerperspektive.

Zur Gestaltung von sozialen Mitgliedschaften

Die vorgestellten Relationsmuster verweisen auf die Bedeutungen von positiven Memberships und des Zugangs zu neuen sozialen Mitgliedschaften. Sie zeigen, dass ohne das Vertrauen der jungen Menschen, ein anerkanntes und geschätztes Mitglied in der Mitgliedschaft des Hilfe- bzw. Betreuungssettings zu werden, kaum ein Zugang zu einem gemeinsamen Handeln möglich werden kann. Ohne eine so erfahrene Mitgliedschaft bleiben die Interaktionen von Professionellen und Jugendlichen jeweils selbstbezogen und wechselseitig unverstanden.

Die Relationsmuster am Pol des „negativen Membership" sehen spezialisierte und individualistisch organisierte Behandlungsmodi vor, um der Ambivalenz zu begegnen, welche die Lebenslagen der Jugendlichen strukturierten, unter anderem Drogenkonsum, Devianz oder Kontakte zur Stricherszene. Nach Zygmunt Bauman (1996) erhöht sich die Ambivalenz, sobald versucht wird, sie zu eliminieren, mithin „solche" Mitgliedschaften zu eliminieren – zum Beispiel durch eine lebensweltferne Unterbringung mit strikten Tagesabläufen. Die Ambivalenz, die in den untersuchten Fallprozessen angelegt war, spitzte sich damit für die Befragten zu, und es dominierten Schließungsprozesse mit der Folge der Isolation.

Über die sozialen Mitgliedschaften der Relationsmuster am Pol des „positiven Membership" entsteht hingegen etwas Bemerkenswertes. Statt die Defizite zu fokussieren, werden Mitgliedschaften gestaltet. Es kommt augenscheinlich zu einer hohen Solidarisierung zwischen Fachkräften und Adressat_innen, auf deren Grundlage Anfänge ermöglicht oder Situationspotenziale genutzt werden. Diese Relationsmuster geben Hinweise, wie professionelle Handlungsmuster eines positiven Membership zwischen Jugendlichen und Pädagogen auch im Rahmen äußerst schwieriger Fallprozesse gestaltet werden können. Eine positive Mitgliedschaft wird dabei nicht einfach ad hoc hergestellt, sondern muss durch konkrete sozialarbeiterische Handlungen
in einem Beziehungskontext entwickelt werden. Dieser Beziehungskontext steht in einer verlässlichen institutionellen Rahmung. „Mitgliedschaften in Sozietäten stärken und Teilhabe an neuen ermöglichen statt durch individuelle Defizitbearbeitung auszugrenzen" (Kunstreich 2001, S. 302) lautet der Paradigmenwechsel, um entwicklungsfördernde und öffnende Veränderungsprozesse in schwierigen Fallverläufen zu realisieren und die Angebote

der Erziehungshilfe weiterzuentwickeln. Die Membership-Theorie liefert dafür eine notwendige, ethisch normative und handlungsorientierende Perspektive. Falck geht davon aus, dass soziale Probleme nicht durch Soziale Arbeit gelöst, jedoch durch die Arbeit am Membership geregelt werden können (vgl. Falck 1997, S. 74 f.). Die Membership-Theorie ist daher als Forschungsperspektive geeignet, um die Bandbreite und die Qualität von Regelungen zu untersuchen oder anders ausgedrückt, die vielen möglichen Relationsmuster. Über künftige Untersuchungen von Fallprozessen der Sozialen Arbeit können weitere Relationsmuster erkannt und der Profession als Reflexionswissen systematisch zugänglich gemacht werden (vgl. dazu die Studie von Kunstreich 2012, in der weitere Relationsmuster rekonstruiert werden).

Zur Beständigkeit von sozialen Mitgliedschaften

„Auch wenn man sich persönlich rettet, nimmt man im Fluchtgepäck ‚den‘ und ‚die‘ mit, die einen nahezu zerstört haben. Und indem man versucht, mit dieser Situation im Leben zurecht zu kommen, begreift man existentiell, was Membership bedeutet" (Falck 1997, S. 132). Das Relationsmuster der fortschreitenden Schließung bestätigt die Aussage der Membership-Theorie, dass persönliche soziale Beziehungen nicht zu tilgen sind, sondern als konstante Verbundenheit im Membership verbleiben. Keine einzige der lebenswelt- bzw. milieufernen Unterbringungen, welche die befragten jungen Menschen im Verlauf ihres Fallprozesses durchlaufen mussten, konnte an dieser Tatsache etwas ändern. Jede und jeder meiner Interviewpartner und -partnerinnen ging nach der Beendigung der jeweiligen Maßnahme wieder zurück zu den primären Bezugspersonen oder zu den selbst gewählten Sozialitäten am Hauptbahnhof.

So auch ein junger Mann, der als kleines Kind von seinen Angehörigen fast zu Tode gequält worden war. Er berichtete im Interview, dass ihm die Beziehungen zu seinen Angehörigen jedes Mal „hochgekommen" seien, wenn er betrunken war. Die Mitgliedschaft zu ihnen war im Rausch unangenehm spürbar und ihm einverleibt. Seine Äußerung verdeutlicht der Sozialen Arbeit, dass in der professionell geleiteten Fallreflexion immer auch solche relevanten sozialen Mitgliedschaften mit hinzuzuziehen sind, die in einer handlungsauffordernden Situation oder der Betreuung nicht benannt oder ersichtlich werden. Dies können die Eltern, aber auch signifikante Akteure aus der aktuellen Sozialität eines Jugendlichen am Bahnhof sein, zum Beispiel ein Freier. Auch im Falle einer milieufernen Unterbringung bleiben sie für den Betroffenen wichtig und mitunter identitätsrelevant. Sie sind, ebenso wie die Pädagog_innen aus bisherigen Einrichtungen, innerhalb einer aktuellen sozialarbeiterischen Beziehung als „unsichtbare Gruppen" (Falck 1997) vertreten. Die Relationsmuster des negativen Pols verweisen deutlich darauf, dass sowohl sichtbare als auch unsichtbare soziale Mitgliedschaften zu berücksichtigen sind – sei es, um mit denen zurechtzukommen, die sich im Fluchtgepäck befinden oder mit jenen, die zwar ausbeuterische Interessen verfolgen, für den Jugendlichen jedoch eine wichtige Beziehung darstellen. Die Membership-Theorie betont hier die notwendige Anstrengung der Fachkraft, in einem genuin sozialarbeiterischen Sinne die Memberships ihrer Adressat_innen zu erkennen, in die sie ja auch selbst verstrickt sind.

Falck gibt zudem durch die wenigen zentralen Komponenten Hinweise, wie die Bezugswissenschaften der Sozialen Arbeit adäquat transformiert werden können. Zum Beispiel dient das Konzept der Übertragung und Gegenübertragung aus der Psychoanalyse in der Membership-Theorie zur Reflexion, um sich als Sozialarbeiter_in einen Eindruck über die erfahrene Qualität des Memberships des Klienten zu machen.

Zur Bedeutung der Teilnehmendenperspektive

Die Handlungsdimensionen der Relationsmuster sind auf der Grundlage von Aussagen und subjektiven Sichtweisen der befragten jungen Menschen entstanden. Im Relationsmuster der fortschreitenden Schließung berichten sie über das, was als „Maßnahmekarriere" und „auswärtige Unterbringung" in die Fachliteratur und Diskurse der Sozialen Arbeit eingegangen ist und entsprechend untersucht wurde. Nimmt man sich Jugendhilfeakten zur Hand, so lauten die professionellen Begründungen für solche Wechsel in der Regel: „Er ist nicht mehr tragbar", „sie nimmt die Hilfe nicht an" oder „er muss aus dem ihn gefährdenden Milieu herausgenommen werden".

Aus der Teilnehmendenperspektive der befragten jungen Menschen werden daran indessen die

- Herrschaftsausübung der Sozialen Arbeit,
- Verletzungen von Beziehungen,
- Perspektivlosigkeit sowie
- die Folgen einer solchen Verschiebepraxis

benannt. Die Befragten wurden aus ihren angestammten oder selbst gewählten sozialen Mitgliedschaften räumlich entfernt und unachtsam in neue soziale Mitgliedschaften gebracht, denen sie sich nicht zugehörig sahen. Dies sind Ergebnisse aus dem Blickwinkel von „unten" auf spezifische soziale Praxen (vgl. Kunstreich 2003), die von Professionellen vielfach als unumgänglich oder als alternativlos ausgewiesen werden. Die Gestaltungsvielfalt sozialer Mitgliedschaften, die in den Relationsmustern am positiven Pol vorzufinden sind, erzeugt aus dem Blickwinkel der Jugendlichen eine ganz andere Wirklichkeit. Deren Ergebnisse zeigen, dass den auswärtigen und geschlossenen Unterbringungsformen im Umgang mit Jugendlichen in besonderen Problemlagen eine große Anzahl guter Alternativen entgegenstehen können.

Die Teilnehmendenperspektive zeigt, dass sich die Jugendlichen in den Relationsmustern des negativen Pols nicht als Mitglieder fühlen – obgleich sie es aus der Sicht der Membership-Theorie sind. Es dominieren Entfremdung, Ausgrenzung und Herrschaft als Merkmale eines negativen Membership. In den beiden anderen Relationsmustern erleben sie sich als gleichberechtigte Mitgestalter_innen von sozialen Mitgliedschaften. Beide Relationsmuster machen auf die Bedeutung von Teilnahme und Teilhabe aufmerksam, deren Qualität auf der Basis von Relationsmustern analysiert werden kann. Sie begründen, wie und warum sich sozialarbeiterische Handlungen und Maßnahmen in der Lebenswelt der Befragten bewähren oder nicht (vgl. ebd.). Die Relationsmuster zeigen außerdem, dass gesellschaftliche Praktiken und Zugänge nicht nur rekonstruiert, sondern durch den Zuwachs und die Gestaltung von sozialen Mitgliedschaften erschaffen werden können.

Die Membership-Theorie ist eine Theorie über soziale Mitgliedschaften, die sie zum Ausgangspunkt für eine sozial gerechtere Gesellschaft und als primäre und unangreifbare Funktionsbestimmung einer partizipativen Sozialen Arbeit nimmt.

Literatur

Allert, Till (1993): Autocrashing. Eine Fallstudie zur jugendlichen Selbst- und Fremdgefährdung. neue praxis. Zeitschrift für Sozialarbeit, Sozialpädagogik und Sozialpolitik. 23 Jg., Heft 5, S. 393–414

Bauman, Zygmunt (1996): Moderne und Ambivalenz. Das Ende der Eindeutigkeit. Frankfurt/Main

Bodenmüller, Martina/Piepel, Georg (2003): Streetwork und Überlebenshilfen. Entwicklungsprozesse von Jugendlichen aus Straßenszenen. Weinheim/Berlin/Basel

Falck, Hans S. (1986): Neuere Entwicklungen der Sozialarbeitstheorie in den Vereinigten Staaten von Amerika. In: Oppl. Hubert/Tomaschek, Arnold (Hrsg.): Soziale Arbeit 2000. Band 1, Soziale Probleme und Handlungsflexibilität für berufliches Handeln. Freiburg im Breisgau

Falck, Hans S. (1997): Membership. Eine Theorie der Sozialen Arbeit. Stuttgart

Flick, Uwe (1996): Psychologie des technisierten Alltags. Soziale Konstruktion und Repräsentation technischen Wandels in verschiedenen kulturellen Kontexten. Opladen

Grossmann, Klaus/Grossmann, Karin (2007): Die Entwicklung von Bindungen: Psychische Sicherheit als Voraussetzung für psychologische Anpassungsfähigkeit. In: Opp, Günter/Fingerle, Michael (Hrsg.): Was Kinder stärkt. Erziehung zwischen Risiko und Resilienz. 2. Auflage. München/Basel. S. 279–298

Hußmann, Marcus (2007): „Jugendliche in der Szene" – Eine Annäherung an Untersuchungsergebnisse aus rund 30 Jahren Forschung und der Versuch einer sozialräumlichen Sichtweise. In: Herz, Birgit (Hrsg.): Lern-„Brücken" für Jugendliche in Straßenszenen. Münster/ New York/München/Berlin. S. 21–46

Hußmann, Marcus (2011): „Besondere Problemfälle" Sozialer Arbeit in der Reflexion von Hilfeadressaten aus jugendlichen Straßenszenen in Hamburg. Eine qualitative Studie unter besonderer Berücksichtigung der Membership-Theorie nach Hans Falck. Münster

Hußmann, Marcus (2013): Zwischen Hilfeunterlassung und gemeinsamer Aufgabenbewältigung – helfendes Handeln aus der Perspektive von Jugendlichen in „besonderen Problemlagen". In: Herz, Birgit (Hrsg.): Schulische und außerschulische Erziehungshilfe. Bad Heilbrunn. S. 237–245

Hußmann, Marcus (2014): Die ganze Jugend verschenkt. Erlebnisse von Jugendlichen mit teilgeschlossenen und geschlossenen Unterbringungen. In: Widersprüche. Zeitschrift für sozialistische Politik im Bildungs-, Gesundheits- und Sozialbereich 34. Jg., Heft 131, S. 55–66

Julien, Francois (1999): Über die Wirksamkeit. Berlin

Kunstreich, Timm (2001): Grundkurs Soziale Arbeit. Sieben Blicke auf Geschichte und Gegenwart sozialer Arbeit. Bd. II. Bielefeld

Kunstreich, Timm (2003): Was ist eine Politik des Sozialen? In: Sorg, Richard (Hrsg.): Soziale Arbeit zwischen Politik und Wissenschaft. Münster/Hamburg/London. S. 56–74

Kunstreich, Timm (2012): Nutzung der sozialen Infrastruktur – eine exemplarische Untersuchung in zwei Hamburger Stadtteilen (Lenzsiedlung und Schnelsen Süd). Hamburg: Fachamt für Jugend- und Familienhilfe Eimsbüttel, Region 2

Langhanky, Michael/Frieß, Cornelia/Hußmann, Marcus/Kunstreich, Timm (2004): Erfolgreich sozialräumlich handeln. Die Evaluation der Hamburger Kinder- und Familienhilfezentren. Bielefeld

Leithäuser, Thomas/Volmerg, Birgit (1988): Psychoanalyse in der Sozialforschung. Eine Einführung.

Lembeck, Hans-Joseph (1995): Vom Umgang Erwachsener mit dem „Phänomen Straßenkinder". In: Forum Erziehungshilfen 1.Jg., Heft 5, S. 205–206

Mannschatz, Eberhard (2003): Gemeinsame Aufgabenbewältigung als Medium sozialpädagogischer Tätigkeit. Denkanstöße für die Wiedergewinnung des Pädagogischen aus der Makarenko-Rezeption. Berlin

Müller, Burkhard (1997): Sozialpädagogisches Können. Ein Lehrbuch zur Multiperspektivischen Fallarbeit. 3. Auflage. Freiburg im Breisgau

Opitz, Sven (2007): Eine Topologie des Außen – Foucault als Theoretiker der Inklusion / Exklusion. In: Anhorn, Roland/Bettinger, Frank/Stehr, Johannes (Hrsg.): Foucaults Machtanalytik und Soziale Arbeit. Eine kritische Einführung und Bestandsaufnahme. Wiesbaden. S. 41–57

Permien, Hanna/Zink, Gabriela (1998): Endstation Straße? Straßenkarrieren aus der Sicht von Jugendlichen. München

Rätz-Heinisch, Regina (2005): Gelingende Jugendhilfe bei „aussichtslosen Fällen"! Würzburg

Schumann, Michael/Zinnecker, Jürgen: Vorwort zur deutschen Ausgabe. In: Falck, Hans S. (1997): a.a.O. S. V–XII

„Etwas Neues – das finde ich gut!"

Fachgespräch über die Bedeutung des Membership-Konzeptes in der Sozialen Arbeit[1]

Regina Rätz, Marcus Hußmann, Heinz Sünker,
Timm Kunstreich

Timm Kunstreich: Regina und Heinz, ihr seid beide mit einer Theorie und auch mit einem Menschen konfrontiert worden, von dem ihr vorher noch nie gehört habt. Was war euer erster Eindruck?

Regina Rätz: Der erste Eindruck war: Etwas Neues – das finde ich gut! Damit beschäftige ich mich gern. Ich habe eine Affinität für Theorien, die aus Amerika stammen. Das hängt sicherlich damit zusammen, dass ich mit dem Symbolischen Interaktionismus und dem Pragmatismus eine ganze Menge anfangen kann. Das sind unter anderem Hintergrundtheorien für die qualitativ empirischen Forschungen, wie ich sie betreibe. Hinzu kommt, dass ich mich gerade mit bürgerschaftlich-demokratischem Handeln von Sozialarbeiterinnen und Sozialarbeitern in Deutschland beschäftige. In der amerikanischen Sozialarbeit gibt es zu diesem Thema mehr Anknüpfungspunkte, in Deutschland wird dies hingegen nicht so stark diskutiert. Bei Hans Falck fand ich tatsächlich einen bürgerschaftlich-demokratischen Hintergrund, vor dem er eine Theorie der Sozialarbeitswissenschaft entwickelt. Das hat mich sehr angesprochen.

Ebenso formuliert Falck einen stark partizipatorischen Zugang. In einem Artikel beschreibt er beispielsweise unter dem Begriff Makroarbeit zwei Perspektiven professionellen Handelns: Einerseits bezieht er sich dabei auf das gemeinsame Handeln mit den Adressatinnen und Adressaten Sozialer Arbeit, andererseits auf die gesellschaftliche Ebene und hier insbesondere darauf, die Gesellschaft zu gestalten und zu verändern.

Gedanklich weiter beschäftigt hat mich der Begriff des Membership. Er ist bei Falck ganz zentral. Dieser Begriff strahlte mich in den Ausführungen zunächst an. Er ist allerdings schwer zu fassen. Ich versuchte, ihn zu übersetzen. Das funktionierte aber nicht so richtig, da es kein deutsches Wort mit

---

1 Fachgespräch vom 31. Oktober 2008 in der Evangelischen Hochschule für Soziale Arbeit und Diakonie Hamburg

einer entsprechenden begrifflichen Sinnbedeutung der Membership nach Falck gibt. Es liegt nahe, ihn als Zugehörigkeit zu verstehen. Dieser Begriff trifft allerdings nicht das, was Falck in seinen Ausführungen darlegt. Falck spricht von einem interdisziplinären Zugang. Dieser umfasst die Perspektiven „Biologisch", „Innerpsychisch" und „Soziale Interaktion". In der biologischen Begründung werden Verbindungen und Austausch zwischen Zellen als grundlegend für die menschliche Existenz dargelegt. Weiterführend geht es bei Falck unter dieser Perspektive um die Erfassung sozialer Interaktionen und über Zugehörigkeiten der Individuen zu sozialen Gruppen, die wiederum Gesellschaft konstituieren.

Im Hinblick auf die Soziale Arbeit entstanden viele Fragen. Beispielsweise im Blick auf Ihr (sie spricht Marcus Hußmann an) Forschungsthema: Was bedeutet Membership für die Jugendlichen, die auf der Straße leben? Was bedeutet Membership für das professionelle Handeln der Sozialarbeiterinnen und Sozialarbeiter? Wie und wodurch verändert sich Membership in der Gesellschaft? Ist in dieser Konzeption eine Perspektive der Prozesshaftigkeit enthalten? Wie überhaupt kann Membership entstehen? Wie kann sich Membership für Menschen, die zu Klientinnen und Klienten der Sozialen Arbeit werden und die möglicherweise sozial sehr ausgegrenzt leben oder von Ausgrenzung bedroht sind, durch die professionelle Soziale Arbeit verändern? Membership ist zumeist beim Beginn sozialarbeiterischen Handelns nicht gegeben.

Und in diesem Zusammenhang haben Sie (Hußmann – vgl. den vorstehenden Beitrag) soeben ausgeführt, dass es um die subjektiven Sichten geht. Da stellt sich allerdings sofort die Frage nach der Multiperspektivität in Hilfeprozessen, die ja im Fachdiskurs auch sehr stark diskutiert wird. Beim Membershipbegriff stellt sich des Weiteren die Frage nach der Beschaffenheit von Gesellschaft bzw. der Umgebung der Subjekte, die vor allem über Organisationen strukturiert ist. In Amerika ist die Einbindung der Individuen in Organisationszusammenhänge durchaus stärker, als wir es hier in Deutschland haben. Dazu schreibt Falck nichts. Jedenfalls habe ich in seinen Ausführungen nichts über die Beschaffenheit dieser Umgebung, in der Membership stattfindet – und die würde ich allgemein als Gesellschaft fassen – gefunden. Es stellen sich mir also nach der Lektüre viele Fragen, deren Beantwortung zunächst offenbleibt.

Heinz Sünker: Hans Falck kannte ich vorher nur aus unseren Arbeiten zur emigrierten Sozialarbeit in der Zeit des Nationalsozialismus. Mein erster Eindruck war, dass mir sein Ansatz sehr merkwürdig, weil auf den ersten Blick sehr immanent argumentierend, also sehr sozialarbeiterisch, erschien, und zwar vor allem vor meinem Hintergrund, dass ich mich des Öfteren an Ost- und Westküste der USA bewege und auch so das eine oder andere immer wieder lese, und von daher habe ich versucht, das Ganze einzuordnen. Ich denke, man muss sehen, dass Falck in die große Spaltung der US-Social-Work-Fraktionen in ‚clinical' versus ‚politisch' interveniert. Die Clinical Fraction ist relativ eindeutig, die Frage ist, wer sind die anderen? Da gibt es eine Reihe unterschiedlich politisch orientierter, gesellschaftlich Engagierter und die Messlatte ist, das haben Specht und Courtney in ihrem Buch (1995) mit dem Untertitel „How social work has abandoned its mission" gesagt, die clinical Leute haben sozusagen ihr gesellschaftliches Mandat verraten. Und da geht Falck meines Erachtens rein, und er ist da auch zu verorten, wenn er sagt, wir müssen in der Arbeit und auch in unserer Analyse überwinden, was sich sozusagen als bürgerlich atomistischer Status von Individuen darstellt. Das Verblüffende ist, dass er keinen Gesellschaftsbegriff hat, da würde ich Regina vollkommen zustimmen, und dass er nicht von Kapitalismus redet.

Das Zweite ist, dass wir die klassische Gliederung haben, die Falck durchdekliniert: Disziplin, Profession. Daraus werden dann Konsequenzen gezogen und das Ganze wird in Ansätzen, die ich für diskussionsnotwendig und auch -würdig halte, sozialtheoretisch und gesellschaftstheoretisch untermauert, ohne dass aber daraus groß die klassisch deutschen kritischen oder auch Radical Social Work kritischen Theorien gemacht werden: Gesellschaftstheorie, Sozialtheorie und Gesellschaftspolitik (vgl. Sünker 2000). Das ist nur in einem Nebensatz mit „irgendwie soll man auch soziale Gerechtigkeit hochhalten" angedeutet, würde ich sagen. Auf der sozialtheoretischen Ebene wird es in der Tat spannend. Da gibt es eine kontinentaleuropäische Tradition, die mit Hegel beginnt, über Marx und den Westlichen Marxismus – Lefebvre, Adorno – bis in die Gegenwart reicht und die das Thema, das für Soziale Arbeit insgesamt konstitutiv ist, nämlich das Verhältnis von Individuum und Gesellschaft analysiert, durchdiskutiert und zu öffnen versucht. Und ich denke der entscheidende Punkt ist in § 182 von Hegels Rechtsphilosophie zu finden, wo Hegel sagt, die Beziehungen zwischen den Mitgliedern der bürgerlichen Gesellschaft sind äußerlich gesetzt, jede und jeder verfolgt nur ihre oder seine selbstsüchtigen Zwecke. Das heißt, diese Verbundenheit oder Zugehörigkeit, was Falck behauptet, das gibt es in der bürgerlich-kapitalistischen Gesellschaftsformation – so – nicht oder gar nicht.

Die Vermittlung im Kontext eines bürgerlich-kapitalistischen Vergesellschaftungsmodus findet, und das ist genau das Grundproblem für Soziale Arbeit, hinter dem Rücken der Handelnden statt. Häufig auch gegen die Interessen der Handelnden und daraus leitet dann der Hegel in den §§ 185, 244/245 ab, dass die bürgerliche Gesellschaft ein Schauspiel des Verderbens und des Untergangs ist. Die Spaltung in arm und reich, die wir heute – immer noch – beklagen, hat er schon viel schneller als andere auf einen Begriff gebracht. Die Spaltung in arm und reich als notwendige Spaltung, das was die Soziale Arbeit in der deutschen Tradition nie so recht begreifen wollte, was hingegen die radical social work Tradition zum Thema gemacht hat. Das ist das eine. Wo bleiben Gesellschaft und Gesellschaftspolitik bei Falck, das würde ich fragen.

Und das andere ist, dass aus diesem Ansatz des Membership eine eminente Verkürzung und Entpolitisierung bzw. Engführung Sozialer Arbeit folgt, die ich für hochdramatisch halte. Da kommt nämlich heraus, dass Social Worker mit good Intentions die guten Menschen sind, mehr oder weniger, weil alles Hilfe ist. Also selbst die bürgerliche Sozialarbeit in Deutschland hat zumindest begriffen, dass Hilfe in Hilfe und Kontrolle auseinandergelegt wird, und hier bei Falck gibt es Kontrolle gar nicht, da sind sie irgendwie alle nett miteinander. Deshalb auch meine Vorbemerkung gerade, wo Heterogenität bleibt, neben der Frage natürlich, wo klassenbasierte Milieus bleiben, und leidet das nicht alles unter der Homogenisierung „ich bin Mitglied, du bist Mitglied"? Das Ganze liegt meines Erachtens daran, dass Falck unzulässiger Weise von Biologie auf Gesellschaft schließt, und das ist tödlich, würde ich sagen. Das ist aber ein typisch bürgerliches Phänomen in Analyse und Theoriebildung und das entscheidende Problem. Was ich wichtig finde, das ist der Begriff der Relationalität. Das ist auch in der Hegelschen Interpretation meines Erachtens notwendig, dass Subjektivität immer nur intersubjektiv hergestellt wird.

Marcus Hußmann: Der Begriff Membership ist in der Tat schwierig. Membership, was ist das eigentlich im Unterschied zur Mitgliedschaft als deutscher Übersetzung, die von den Übersetzern des Buches bewusst nicht vorgenommen wurde? Und ich stimme Ihnen zu, er schreibt tatsächlich über Vieles nichts, zum Beispiel über den Gesellschaftsbegriff.

Wenn ich Hans Falck richtig interpretiere, geht es ihm im Membership-Begriff vor allem um die Teilnehmerperspektive. Ich denke, hier kommt man seiner Vorstellung von Gesellschaft bzw. seinem Gesellschaftsbegriff einen Schritt näher.

Es wurde gerade gefragt, wie der Autor sich auf Spaltungs- und Ausgrenzungsprozesse bezieht. Bei Hans Falck findet man dazu einige Anhaltspunkte. Im Membership-Ansatz geht es darum, Zugänge und „positive Memberships" zu ermöglichen, und zwar mehrere Mitgliedschaften in und zwischen unterschiedlichen Gruppierungen. Wenn man dies nun aus der Teilnehmerperspektive betrachtet, eröffnen sich für eine Untersuchung von sozialarbeiterischen Interventionen, die ich zurzeit durchführe, aufschlussreiche Analysezugänge auf professionelle und wechselseitige Handlungen. Mit Timm Kunstreich argumentiert, wird durch den Fokus der Teilnehmerperspektive deutlich, wie solche Interventionen in der Lebenswelt von Adressaten aufgenommen werden und wie sie sich dort bewähren oder eben nicht bewähren. Meines Erachtens ist dieser Fokus innerhalb der Membership-Theorie ebenso relevant wie die Perspektive der Relationierung.

Ob Falck tatsächlich von der Biologie auf Gesellschaft schließt, wie eben gesagt wurde, wäre jedoch zu prüfen. Ich habe das anders aufgefasst und Hans Falck so verstanden, dass man die beiden Axiome der Theorie – dauerhafte Verbundenheit und bedingter Zugang – auch in biologischen Prozessen vorfindet. Hierzu sind zum Beispiel die neurobiologischen Untersuchungen von Schore (2005) sehr interessant zu lesen, der die Entwicklung des menschlichen Gehirns als sozial konstruiert bezeichnet, da sie im Kontext von sozialen Beziehungen stattfinde. Insofern wäre das zu prüfen, ob Hans Falck tatsächlich von der Biologie auf Gesellschaft schließt. Interessant finde ich an dem biologischen Aspekt, dass der Autor ihn für Soziale Arbeit überhaupt mit hineinnimmt – interessant nicht nur für die Zellebene, wie er das beschreibt, sondern auch auf einer Ebene von Bedeutung.

Timm Kunstreich: Eines ist Hans Falck ganz sicherlich nicht: Er ist kein kritischer Theoretiker im europäischen Sinne. Ich erinnere mich, dass er mal überlegte, ob er nach Deutschland zurückgeht. Da wurde ihm gesagt, dass die deutschen Universitäten von „Chaoten" dominiert seien und dass die Linken die Macht hätten und traditionelle Sozialarbeit vertreiben würden. Ich berichtete ihm dann von meiner Erfahrung und meiner Beteiligung an vielen Auseinandersetzungen und dass auch ich damit gemeint sei. In der Diskussion um unterschiedliche Positionen ist mir deutlich geworden, dass er gesellschaftspolitisch oder gesellschaftstheoretisch eher traditionelle, eher bürgerlich-liberale Vorstellungen hat. Und dazu stand er auch sehr bewusst. Das war sein Weltbild. Was ich interessant fand, als ich seinen Aufsatz über die amerikanische Sozialarbeit (Falck 1982) gelesen hatte, ist, dass er im Unterschied zum Mainstream der amerikanischen Sozialarbeit, auch in Absetzung zu den Systemikern, wie Germain und Gitterman, ein anderes Paradigma entwickelt hat. Diese in den Sozialwissenschaften fast zur Naturhaftigkeit erhobene Trennung von Individuum und Gesellschaft, die wir quasi mit der Muttermilch einsaugen, beleuchtet er kritisch und schlägt ein interessantes Gegenkonzept vor.

Bezüglich der eben geäußerten Kritiken ist mir zum Beispiel nicht klar, ob seine Orientierung am Zellaufbau eher eine Metapher ist oder ob das tatsächlich, wie Marcus Hußmann das interpretiert hat, eine wissenschaftliche Position ist, die auch zum Beispiel die Neurobiologie einschließt. Da habe ich einfach zu wenig Ahnung.

Interessant finde ich, dass mit dem Membership-Ansatz der Widerspruch zwischen dem, was Heinz Sünker mit Bezug auf Hegel und Marx ausführte, dass nämlich die Tatsache, dass die Arbeitskraft und damit der Mensch selbst zu Ware wird, dass dieses kritische Moment aufgehoben ist – aufgehoben im dreifachen Sinn: Es ist aufgehoben im Sinne von „aufbewahrt", dass der Warencharakter im Moment des „bedingten Zugangs" enthalten ist. „Aufgehoben" aber auch in dem Sinne, dass dieses Herrschaftsverhältnis zumindest als anders denkbar ist und als Kooperation schon in Ansätzen anders gelebt wird, dass das alte also nicht mehr da ist. Sonst hätten wir überhaupt keine Möglichkeit, irgendeine Form von Utopie zu entwickeln.

Das Neue muss also im Ansatz schon im Hier und Jetzt vorscheinen.

„Aufgehoben" im Sinne von „auf eine höhere Stufe heben", ist die dritte Bedeutung. Die „höhere Stufe" beinhaltet den Versuch, ein Handlungskonzept aus der Teilnehmerperspektive zu entwickeln. Es ist der Versuch, auf Gesellschaft nicht von den Kommandohöhen des bürgerlichen Staates oder des Kapitals herunterzusehen, sondern von unten – es ist die Perspektive darauf, *wie* Menschen ihren Alltag meistern.

In diesem Zusammenhang bin ich auf einen anderen Begriff gekommen, der mich zunehmend fasziniert: Transversalität. „Transversal" bedeutet querliegend. Was die Alltagspraxis menschlicher Existenz angeht, meint das, dass das Beziehungsgeflecht von Menschen nicht in ihrer Zugehörigkeit zu Institutionen (Betrieb, Familie etc.) aufgeht, sondern dass die erlebte Teilnehmerperspektive weit darüber hinausgeht. Wie erleben wir zum Beispiel Beziehungen zwischen Studierenden und Dozierenden? Auf der einen Seite sind diese klar geregelt – zum Beispiel durch Prüfungsordnungen. Auf der anderen Seite wissen wir sowohl von Studierenden als auch aus eigener Erfahrung, dass es bestimmte Lehrer und Lehrerinnen waren, die uns geprägt haben. Diese Prägung geht nicht in einer Institution auf. Martin Buber analysiert diese wechselseitige Prägung als Dialogisches Prinzip. In dieser dialogischen Begegnung sind alle Sinne beteiligt – nicht nur die fünf physiologischen, sondern auch jene, die wir mit Liebe, Wille, Angst oder Zorn als das emotional-kognitive Erleben unserer relationalen Einbettung in die verschiedenen Kontexte kennzeichnen. Ich würde dieses Beziehungsgeflecht als allseitig kennzeichnen, Hans Falck nennt es Ganzheitlichkeit. „Membership" meint dieses vielfältige Verbunden-Sein und untersucht dieses als spezielles Verhältnis zwischen Sozialarbeiter und Klient. Dabei macht Falck an vielen Beispielen und auf unterschiedlichen Ebenen deutlich, dass das „Produkt" Sozialer Arbeit nicht die gesellschaftskonforme Veränderung und Anpassung des Klienten ist, sondern dass beide zusammen das hervorbringen, was die gesellschaftliche Funktion und Bedeutung von Sozialarbeit ist. Dieses gemeinsame Hervorbringen ist ein sozialer Schöpfungs- und Gestaltungsvorgang, wie ihn Paulo Freire sehr eindringlich als Dialog beschreibt. Es ist meines Erachtens die besondere Stärke der Membership-Theorie, die funktionalistischen und systemischen Grenzen zu überschreiten und auf diese Weise in der Tat die Trennung zwischen Individuum und Gesellschaft aufzuheben.

Regina Rätz: Damit sprichst du etwas an, das mich beschäftigt. Die Teilnehmerperspektive ist in der Membership-Konzeption ganz wichtig und vor allem, das Erleben von Membership aus der Sicht der Teilnehmerinnen und Teilnehmer zu erfahren und zu erforschen. An dieser Stelle frage ich mich, was methodisch Neues in der Membership-Konzeption enthalten ist. In der Sozialforschung und in der Praxisforschung ist ja die empirische Erfassung subjektiver Perspektiven sowohl der Adressatinnen und Adressaten als auch der Sozialarbeiterinnen und Sozialarbeiter längst angekommen. Ich verstehe Hans Falck so, dass er einerseits einen offenen empirischen Zugang zur Sozialen Arbeit hat, mit Blick auf die sozialen Interaktionen und auf soziales Handeln zwischen den Beteiligten sowie auf die subjektiven Sichtweisen und Eigentheorien der Betroffenen auf ihre Lebenssituation und auch darauf, wie sie ihre Zugehörigkeit selbst einschätzen. Dann arbeitet er anderseits jedoch mit Kategorien, die er Verbundenheit und Zugang nennt. Im Vergleich würde ich das unter Bezugnahme auf die qualitative rekonstruktive Forschung und Rekonstruktive Soziale Arbeit so nicht machen. Offenheit bedeutet hier, das soziale Geschehen in der Entstehungsgeschichte der wechselseitig aufeinanderfolgenden Interaktionen zu verstehen. Dies erfolgt mittels einer sequenziellen und abduktiven Hypothesenbildung. Soziales Handeln und soziale Interaktionen können mit diesem Verfahren aus ihrer Entstehungsgeschichte heraus in ihrer Regelhaftigkeit oder prozesshaften Struktur verstanden werden. Auf dieser Basis könnten dann Begriffe wie Zugehörigkeit und Verbundenheit empirisch und theoretisch untersetzt werden.

Und das ist eine Stelle, an der ich Hans Falck widersprüchlich erlebe. Auf der einen Seite als offen für die subjektiven Erlebenswelten der Adressatinnen und Adressaten Sozialer Arbeit, das schreibt er auch selbst: offen herangehen an die Empirie, an die Frage wie Membership erlebt wird. Auf der anderen Seite arbeitet er jedoch mit seinen vorab definierten Hauptkategorien, unter denen er das Beobachtete und Gesagte subsumiert. Diese festgelegten Kategorien verhindern jedoch eine grundsätzliche Offenheit.

Marcus Hußmann: Ja, die hat er eindeutig. Das erscheint durchaus widersprüchlich. Zu fragen ist auch, ob er seine Theorie als eine Perspektive begreift, um zum Beispiel einen bestimmten Ausschnitt sozialer Wirklichkeit auf eine bestimmte Art und Weise zu interpretieren. Falck legt mit den beiden Axiomen ganz klar zwei Kategorien mit hinein, durch die Soziale Arbeit bzw. das „Membership" gefasst werden kann und strukturiert sein soll. Andererseits eröffnet Falck durch diese beiden Kategorien einen sehr offenen und sehr hohen dynamischen Theoriebezug, in dem eine ganze Menge anderer theoretischer Perspektiven vorkommen können und sich das wieder weit öffnet. Und zwar so weit, dass die beiden Kategorien eben weitere theoretische Perspektiven integrieren können.

Regina Rätz: Wie würden Sie das in Ihrer Forschungsarbeit lösen? Sie haben gesagt, Sie haben Interviews gemacht, in denen es um die subjektiven Perspektiven der Jugendlichen geht, entsprechend auch mit einem offenen Auswertungsverfahren. Wollen Sie die Erzählungen der Jugendlichen in der Auswertung wiederum eingrenzen, indem Sie die Kategorien von Falck an die Texte anlegen?

Marcus Hußmann: Es wird darauf hinauslaufen, dass ich das Datenmaterial aus insgesamt drei Perspektiven untersuche. Die Interviews habe ich zunächst thematisch kodiert. Ich bin entlang der Aussagen der Jugendlichen, die ich befragt habe, induktiv vorgegangen und habe sogenannte In-vivo-Codes ganz dicht am wortwörtlich Gesagten gebildet, um im weiteren Verlauf Kategorien zu entwickeln. Eben nicht von außen her. Dieser erste Zugang der thematischen Kodierung wird Themenfelder der Jugendlichen aufzeigen können. Als zweite Auswertungsperspektive habe ich ein psychoanalytisch-tiefenhermeneutisches Verfahren hinzugezogen, da von den Befragten in den zum Teil sehr langen narrativen Abschnitten bestimmte Beziehungsbegriffe eingebracht wurden, um Erlebnisse zu rekonstruieren und zu charakterisieren. Und die dritte Perspektive wird sein, dass ich die Untersuchungsergebnisse dieser ersten beiden Zugänge dann vor der Membership-Theorie analysiere.

Timm Kunstreich: Ich finde das auch insofern interessant, als dass auch damit die Gefahren genannt werden, wenn man die totale Offenheit im Finden erkenntnisleitender Kategorien propagiert. Das kann ein unendlicher Rekurs werden. Du kommst nie zu einem Schluss, denn jede Kategorie verweist auf eine weitere. Deshalb kann ein relativ offener Ansatz wie der von Falck, der sehr stark prozessorientiert ist, eine Leitlinie dafür sein, das Verfahren des unendlichen Rekurses tatsächlich gut begründet abzubrechen. Schwierig wäre nur, wenn es ein willkürliches Abbrechen wäre.

Heinz Sünker: Es sind für uns ja unterschiedliche Ebenen maßgeblich. Das eine ist die Frage des Forschungsprozesses. Was bringt, am Beispiel der Straßenszene, die dritte Perspektive in der Nachfolge oder im Anschluss an Falck, weil es ja sein könnte, dass die Szene auch noch mal eine besondere Membership-Struktur aufweist.

Eine kleine Reise in ein paar Zitate – es geht mir darum, deutlich zu machen, worüber ich mich geärgert habe. Wenn wir wissen, Hilfe wird in Hilfe und Kontrolle auseinandergelegt, dann finde ich es schon schwierig/gefährlich, vielleicht auch im Kontext der deutschen Tradition, wenn dann dieses Membership so auf Gemeinschaft und Zusammengehörigkeit bezogen wird. In den Zwanzigerjahren des letzten Jahrhunderts haben viele von Gemeinschaft und Volksgemeinschaft gesprochen, seit Nazi Deutschland wissen wir aber, wie brandgefährlich die Rede von Gemeinschaft werden kann (vgl. Otto/Sünker 1991). Auf Falck 1996, Seite 129: „Auf einer bewussten Ebene legt Membership Wert auf Zusammengehörigkeit, Gemeinschaft, ethnische Identität (anstelle von ethnischen Gegensätzen) und Verbundenheit". Seite 125: „Ich habe versucht zu zeigen, dass das Grundelement der Sozialen Arbeit darin besteht, dem Klienten bei der Handhabung von Membership behilflich zu sein, das heißt ihm dabei zu helfen, Aspekte seines Membership mit anderen Menschen zu verändern". Seite 70: „Der Aspekt Sozialer Arbeit, der die Membership-Theorie besser verdeutlicht, als jeder andere, ist die Fähigkeit des Klienten mit den Konsequenzen von Entscheidungen umzugehen, die er mit Hilfe des Sozialarbeiters getroffen hat. Nirgends werden die Unterschiede zwischen Individualismus und Membership-Theorie deutlicher".

Um noch mal an meine erste Überlegung anzuschließen: Bei Würdigung der falschen Grundposition, dass man dem bürgerlichen Atomismus etwas entgegensetzen muss, dass man sich in dieser Auseinandersetzung mit der klinischen Orientierung die Fragen nach Alternativen stellen muss, klingt Vieles hier so, als wäre Falck in der großen sozialphilosophischen Auseinandersetzung zwischen Liberals und Communitarians auf der Seite der Communitarians (vgl. Sünker 1998). Und da bin ich ganz klar, wenn ich mich entscheiden muss, dann bin ich auf der Seite der Liberals und verteidige den Individualismus, das ist das Kommunistische Manifest, die Freiheit eines jeden ist die Voraussetzung der Freiheit aller, die Marx'sche Perspektive der Assoziation, der freien Assoziation freier Individuen (vgl. MEW, Bd. 4). All das ist mir zu sehr US-Ideologie, die ja jetzt auch immer wieder durchschlägt, Beschwörung der Community, durchaus in einem anderen Sinne als der deutschen Gemeinschaft. Aber es gibt eine ganze Menge Faktoren, wo das schon sehr in die Nähe kommt.

Vor diesem Hintergrund, komme ich noch mal zurück zu ethnischer Identität anstelle von ethnischen Gegensätzen. Ich glaube, Transversalität wie du es meinst, Timm, wo wir übereinstimmen, ist etwas anderes als das, was Falck meint. Das zweite ist, dass er ja nicht sagt, dass der Sozialarbeiter gar keine Funktion mehr hat, sondern er sagt de facto, es gibt eine bestimmte Beziehungsstruktur zwischen *Sozialarbeit und Klient* und der *Sozialarbeiter ist Helfer*. Ob das nun die modernste Variante ist, weiß ich nicht. Und darüber hinaus ist das Interessante, was in Falck und jenseits von Falck und auch in euren Positionierungen drin ist, wie wir mit der These umgehen, dass Dialogik nicht unbedingt symmetrisch strukturiert sein muss, sondern dass sie auch asymmetrisch sein kann. Wie gehen wir um mit dem Problem, dass das, was die Klienten zu wissen meinen, tatsächlich falsch sein kann, aufgrund vom falschen Bewusstsein, dessen gesellschaftliche Voraussetzung die „Verkehrungslogik des Kapitals" ist, wie Marx das genannt hat. Daran würde ich festhalten. Meine Hoffnung ist, dass Bourdieu (2004) Recht hat, wenn er sagt, die Aufgabe von Sozialwissenschaftler_innen, das verbindet sich für mich mit kritischer Professionalität, ist „Denaturalisierung" und „Defatalisierung" dessen, was Menschen erfahren und erleiden. Und für mich ist die Frage, inwieweit Professionelle daran mitwirken können, die Autonomie der Lebenspraxis der Klienten – überhaupt oder auch wieder – herzustellen. Falck legt den Finger zutreffender Weise in die Wunde einer spezifischen amerikanischen Auseinandersetzung und die Frage ist, inwieweit müssen die Kontinentaleuropäer darauf Bezug nehmen oder inwieweit haben die Kontinentaleuropäer ihre eigenen Bezugssysteme, um zu sagen, da haben wir eine andere Diskussion, da sind wir vielleicht weiter.

Das wäre für mich das, was wir diskutieren.

Regina Rätz: Ich würde gern zu den Ausführungen von Heinz Sünker etwas sagen. Da verstehe ich die Kritik nicht. Ich würde Falcks theoretischen Ansatz anders verorten. Er sagt, dass jeder Mensch in sozialen Kontakten lebt. Mehr ist das erst einmal nicht. Mit dem Verweis auf Individualistisches wird häufig die soziale Umwelt ausgeblendet. Entscheidungen des Einzelnen können allerdings nicht isoliert von sozialen Einflüssen getroffen werden. Der Mensch ist als soziales Wesen beständig in Kontakt mit Anderen und in Bezügen, die Gesellschaft und Kultur darstellen. Und das spiegelt sich auch in der Begegnung mit Sozialarbeiterinnen und Sozialarbeitern wieder, die nämlich nicht nur als Vertreter einer Institution agieren, sondern auch als Menschen, als individuelle Persönlichkeiten. Adressatinnen und Adressaten der Sozialen Arbeit treffen ihre Entscheidungen in Situationen der wechselseitigen sozialen Interaktion, also im Kontakt mit den Sozialarbeiterinnen und Sozialarbeitern. Dieser beeinflusst die Entscheidungen. Die Ergebnisse der Entscheidungen können, je nach Personen, die im Kontakt aufeinandertreffen, unterschiedlich sein. Diese Aussage ist für das Verstehen des professionellen Handelns der Sozialen Arbeit bedeutsam. Ich denke, diesen Aspekt hebt Falck heraus, und dieser Ansatz gefällt mir an seinen Gedanken. Ich frage mich weiter, was das eigentlich Neue daran ist, weil wir ja genau diesen Punkt diskutieren, beispielsweise über Begriffe wie Soziale Beziehung, Kontakt, Begegnung, Dialog. Ich denke, für die Soziale Arbeit in Deutschland ist es tatsächlich interessant, die ausschließliche Institutionenperspektive in der Betrachtung sozialarbeiterischen Handelns etwas abzuschwächen und zu vergegenwärtigen, dass Sozialarbeiterinnen und Sozialarbeiter, die natürlich Institutionen vertreten, dennoch Menschen aus Fleisch und Blut sind, die mit ihrer Gesamtpersönlichkeit einen Einfluss auf Entscheidungen nehmen, auf die der Adressatinnen und Adressaten sowie auf die der Institution. Ich lese des Weiteren bei Falck, dass er so etwas wie eine Verortung in der Eigenlogik von Individuen hat. Eine offen gebliebene Frage dabei ist: Wie versteht er

Individuen innerhalb der Gruppe? Denn er definiert Gruppe über eine Negativbeschreibung, indem er sagt: Gruppe ist nicht die Summe der einzelnen Teile. Es würde mich genauer interessieren, was dann Gruppe für Falck ist.

Ein weiterführender Gedanke wird durch ihn darin entwickelt, dass genau aus dieser Verbindung, also dem Membership, sich so etwas wie subjektive Sinnwelten der Individuen konstituieren. Und die haben eine gewisse Logik, eine Eigenlogik, die es zu verstehen gilt. An der Stelle finde ich Falck interessant, weil er dieses „Helfer wissen, was gut ist" aus der Sozialen Arbeit herausnimmt und sagt, es passiert ganz viel in den sozialen Kontakten, die der Einzelne in der Gesellschaft hat, und der sozusagen mit dafür sorgt, dass Entscheidungen von dem Individuum getroffen werden können. Und dies unabhängig davon, wie sich die konkreten Lebenssituationen, so fatal sie teilweise sein können, darstellen. Darin sieht er eine Stärke in der Einflussnahme von Gesellschaft und das Individuum als grundsätzlich entscheidungsfähig.

Ich würde ihn in diesem Punkt, den du (Heinz Sünker) kritisierst, wie gesagt, anders verstehen. Falck bezieht sich an dieser Stelle seiner Ausführungen ja auch auf Mead, also den Symbolischen Interaktionismus, und betont: Indem wir soziale Wesen sind, sind wir immer in Kontakt mit anderen. Und das ist strukturimmanent für Soziale Arbeit.

Marcus Hußmann: Ich bin noch mal bei dem Hilfe-Begriff hängen geblieben und kann das nur ein Stück weit ergänzen. Es stimmt, dass Falck sagt, der Sozialarbeiter ist ein Helfer, aber in seiner Theorie ist eben nicht nur der Sozialarbeiter ein Helfer, alle anderen Member sind es ebenfalls. Er bezieht diesen Hilfebegriff nicht nur auf die Soziale Arbeit, sondern zum Beispiel auch auf die sog. unsichtbaren Gruppen, auf die Memberships des Klienten, die, wie er sagt, vorhanden sind, auch wenn wir sie als sozial Arbeitende gar nicht sehen oder zunächst wahrnehmen können. Diese, aber auch die sichtbaren Gruppen, können für den Adressaten eine helfende Funktion einnehmen. Es wäre aber noch weiter zu diskutieren, welche Bedeutung Hilfe in der Membership-Theorie einnimmt.

Das, was Sie (Regina Rätz) gerade mit der Institutionsperspektive sagten, ist mir auch aufgefallen, und ich glaube, dass die Frage von Hilfe und Kontrolle über diese Schiene möglicherweise beantwortet werden kann. Kontrollanforderungen versucht er offensichtlich, nicht über die Institutions-Perspektive aufzulösen. Er erhebt sie vielmehr zu einem Konflikt, der zum Beispiel in der gemeinsamen Interaktion mit dem Adressaten als ein Konflikt thematisiert werden kann, aber eben nicht ausschließlich dort.

Timm Kunstreich: Das fand ich auch sehr interessant, und das ist auch das, was mich fasziniert hat, dass Falck ohne diese typisch deutsche Stilisierung von Hilfe und Kontrolle auskommt. Als Böhnisch und Lösch 1973 dieses Begriffspaar zum ersten Mal in die Diskussion eingeführt haben, meinten sie nicht, dass damit das reale Konfliktpotenzial in der Sozialen Arbeit gekennzeichnet ist, sondern dass es die zentrale Ideologie der traditionellen Sozialarbeit ist, mit diesem „Schicksal" von Hilfe und Kontrolle zu leben. Denn tatsächlich ist es die Kontrolle, das heißt die Kontrollperspektive, die das Einfallstor auch für die Hilfe ist. Von daher ist die Metapher von Kontrolle und Hilfe eigentlich nur ein Stück Verschönerung des Kontrollaspektes. Bei Falck wird diese Perspektive nicht als solche thematisiert, aber auch Hilfe wird radikal unter Subjektperspektive thematisiert, nämlich als das, was die Adressaten, was die Klienten als Hilfe annehmen und erleben. Dass es dabei zu Schwierigkeiten kommt, thematisiert er mehrfach. Darüber hinaus hat er mit dem Begriff Membership den Versuch unternommen, zu einem anderen Konzept von Gemeinschaftlichkeit, ich sage nicht Gemeinschaft, zu kommen. Im Deutschen erinnert der Begriff stark an einen „Führer" und die damit verbundenen Konnotationen, während Community im Amerikanischen ein stark demokratischer Traditionsbegriff ist. Gerade durch das Membership wird diese Schwierigkeit umgangen, indem es offengelassen wird bzw. es sich aus der Qualität der realen Beziehung ergibt, ob eine Gemeinschaftlichkeit im Sinne von Homogenisierung entsteht oder ob es eine Gemeinschaftlichkeit in Vielfalt ist, und Vielfalt wiederum als Voraussetzung für neue Formen des Memberships steht. Gemeinschaft als Subjekt, wie sie in Teilen des Kommunitarismus konzipiert wird, ist nicht Falcks Thema, sondern es geht ihm gerade um Individualität, die als Entfaltung des Persönlichen lebbar wird, durch die Anerkennung in der Interaktion. Nur dadurch erlebe ich meine Besonderheit, meine Einzigartigkeit.

Heinz Sünker: In der Hegelschen Konzeption lautete die berühmte Formel „Ich kann nur dann Ich zu mir sagen, wenn ich zu all anderen Du sage" (vgl. Theunissen 1982). Das ist die Logik der Anerkennung der Wechselseitigkeit, und bei Falck, auch da ist wieder das Problem der US-Kontexte, habe ich schon den Eindruck, dass es Gruppen gibt, bei denen es um Gruppenbeziehung geht. Also nicht alle Menschen werden Brüder oder Schwestern, sondern eher Gruppen unter Gruppen – Beziehungen und das kann natürlich Ausdruck dieses unteren Levels sein, dass Falck auf die Ebene des konkreten Handelns geht. Aber ich weiß nicht, warum er ethnische Identität schreiben muss, vielleicht müsste man noch mal schauen, was im Original steht und was tatsächlich übersetzt wurde.

Timm Kunstreich: Dieses Ethnische ist ein Gefühl von Zugehörigkeit und Anerkennung und deshalb ja auch die Klammer „anstelle von ethnischen Gegensätzen", aber das ist undeutlich.

(Die Diskussion wird jetzt zum Publikum geöffnet – die Namen der Sprecher wurden eingefügt, soweit das rekonstruierbar war.)

Otto Lüdemann: Hat Hans Falck Erich Fromm gekannt, oder ist er ihm vielleicht sogar begegnet?

Bei dem Vortrag sind mir viele Aspekte aufgefallen, bis teilweise in Begriffe und Konzepte hinein, die bei Fromm vorkommen. Ich würde dann wiederum nicht verstehen, weshalb der sozialtheoretische Aspekt dann so unterbelichtet ist, weil bei Fromm der Begriff des Gesellschaftscharakters sehr zentral ist.

Marcus Hußmann: Falck diskutiert die US-amerikanische Theorietradition in der Sozialen Arbeit und offenbar kommen Erich Fromm und auch andere bekannte Theoretiker bei Hans Falck nicht vor.

Jürgen Kalcher: Falck bezieht sich u.a. auch auf Mead und Dewey, von denen bekannt ist, dass sie einen kritischen Blick für Gemeinschaft und Community haben. Sie betonen sehr stark die Eigenaktivität und da sie durch ihre praktische Arbeit, auch mit Jane Addams, Hintergrunderfahrung erfahren, kann ich mir nicht vorstellen, dass das ganz unkritisch verläuft, sondern, dass er auch relativ unverdächtige Bezugstheorien bietet.

Zuhörer: Aus der Diskussion gehen zwei Pole hervor. Regina Rätz, die sagt, ich finde Hans Falck gar nicht uninteressant, weil er von den Subjekten ausgeht und Heinz Sünker, der wiederum sagt, eigentlich vergisst Hans Falck Gesellschaft und das mit der Intersubjektivität ist nur begrenzt haltbar, weil Gesellschaft hinter dem Rücken der Subjekte stattfindet.

Wenn ich das richtig verstanden habe, muss man sagen, dass Hans Falck keine Gesellschaftstheorie hat, wie Heinz Sünker das meint, aber er hat schon eine im Sinne, wie Regina Rätz das meint, weil sie ja sagt, Hans Falck macht eine Theorie des Subjektes in der Gesellschaft für Sozialarbeiter, um ihnen zu sagen, was sie tun können. Ich denke, dass ist die Perspektive, die Hans Falck aufzieht, und die kann die Gelegenheit bieten, ein wenig auszuprobieren sowie Transversalität und unsere Rolle, die wir haben, mit einzubringen.

Ich denke, dieses Zusammengehen könnte man noch mal probieren – Heinz Sünkers Gesellschaftsblick und Reginas Rätz Subjektivität, ob das nicht etwas ist, was der Falck versucht aufzuheben.

Jürgen Kalcher: Ich versuche zu zeigen, dass diese Membership-Theorie aus meiner Perspektive sehr subjektiv zu verstehen ist und ohne die Hans Falck nicht denkbar wäre. Er ist in einer bestimmten Situation. Er als Immigrant und Emigrant mit allen Zwängen und Drücken und „Gemeinnutz geht vor

Eigennutz" und „Volksgemeinschaft" usw. trifft in der Sozialarbeit in den USA, wo es eine lange Tradition der sozialen Gruppenarbeit gibt, die sich auf Grundlage der Gemeinwesenarbeit entwickelt hat, auf eine Situation, in der die eigenständige Entwicklung des Social Group Work in den Endfünfziger abbrach und in dem gemeinsamen Berufsverband mit den Caseworkern einmündete. Der bis dahin bestehende Berufsverband der Social Group Worker löste sich auf und ging ein in den allgemeinen Berufsverband, mit dem Erfolg, dass die Groupworker von den Caseworkern majorisiert wurden. Ende der Siebziger wurde dann der alte Verband neu gegründet – mit wesentlicher Unterstützung durch Hans Falck. Hans Falck ist an dieser Stelle sozusagen ein Aktivist, ein Täter gewesen mit Hinblick auf Gruppe. Ich verstehe diese Membership-Theorie ein bisschen als „Steine schmeißen" in der Situation. Er richtet sich in seinem Appell an die Amerikaner, nun seid mal nicht so furchtbar versessen auf das Individuum, jeder ist irgendwo eingebunden und Mitglied. An dieser Stelle, die allgemein theoretischen Setzungen im Hintergrund zu sehen und pragmatisch zu sagen – ich sag euch jetzt mal was, und jetzt setzt euch damit auseinander – allerdings mit dem Erfolg, dass es für Falck eine Enttäuschung war, da dieses Buch – The Membership Pespective (1988) – in den USA nicht mal von den Groupworkern wirklich zur Kenntnis genommen wurde.

Zusammengefasst, es ist ein ganz pragmatisch-individueller Ansatz, ich denke relativ jenseits des philosophischen Diskurses.

Timm Kunstreich: Trotzdem wäre es interessant, zu fragen, a) warum wird Falck so wenig rezipiert, b) weshalb er das Besondere der Gruppenarbeit so scharf kritisiert. Er sagt, bei 90 % der Gruppenarbeit war bislang die Gruppe Hintergrund, und es ging im Grunde genommen um die Therapierung des Einzelnen.

Zuhörer: Die Kritik greift zurzeit insofern nicht mehr, als das Credo eigentlich ist, dass das Therapeutikum in der Gruppe die Gruppe selbst ist. Und der Groupworker hat zu sehen, dass der Prozess läuft, er hat aber nicht den Einzelnen zu therapieren. Da hat sich eine ganze Menge getan.

Jack Weber: Da ich nicht die Möglichkeit habe, das in den amerikanischen Theoriekontext einzuordnen, stellt sich mir die Frage, was mir das Membership erklärt und ob es mit meiner unmittelbaren Erfahrung zusammenpasst. Und da nehme ich jetzt folgende Sätze mit: „Alle Menschen sind Member" und „Alle Menschen sind irgendwie dauerhaft verbunden". Da tun sich bei mir große Brüche zu meiner unmittelbaren Erfahrung auf. Wenn ich mir die Gesellschaft angucke, dann stelle ich fest, dass es dort Differenz, Spaltung und Gegensätze gibt. Da ist keine gleichgeartete Mitgliedschaft. Der zweite

Punkt, der meiner unmittelbaren Erfahrung widerspricht, ist, dass Membership eine Art von Freiwilligkeit unterstellt. So beinhaltet die Vorstellung als Member der Bundesrepublik Deutschland jedoch keine Freiwilligkeit, denn das ist eine Zwangsmitgliedschaft, die man nicht ablegen kann. Der dritte Punkt ist die Frage, was es leistet, wenn man alle als Member betrachtet. Ist es die Leistung, gerade von diesen Gegensätzen und Zwängen zu abstrahieren? Das wäre aber für Sozialarbeiter eine höchst problematische Betrachtungsweise, weil es unserer Funktion ein Stück weit widerspricht, unsere Klienten in einem Zusammenhang zu betrachten, von dem ich sagen würde ,und nun schämen sie sich'. Also um mal eine sich abgrenzende Position einzunehmen von dieser Theorie.

Zuhörer: Ich kann diesen Begriff des Membership nach wie vor nicht richtig scharf fassen. Das erste was mir durch den Kopf ging, war Niklas Luhmann mit diesem Begriff der Mitgliedschaft, der sehr deutlich darauf zielt, die Grenze zwischen drinnen und draußen zu markieren, und er definiert darüber Organisationen, also wer ist Mitglied und damit drinnen, und wer ist nicht Mitglied und damit draußen.

Einerseits hat der Begriff Membership eher was Universelles, und gleichzeitig hat es auch eine Grenze zum Beispiel über den Zugang, was ja heißt, es gibt ein drinnen und draußen. Wie ist das gefasst, und wie arbeitet man damit weiter?

Das zweite ist, dass ich viel über den Forschungsgegenstand gehört habe, und mich würde interessieren, wie man mit dem Membership-Konzept direkt in der Sozialen Arbeit arbeitet.

Marcus Hußmann: Hans Falck benennt in seinem Buch die gesellschaftliche Spaltung im „negativen Membership"; sie stellt für ihn eine Form eines bedingten Zugangs dar, der trotzdem eine Verbundenheit zu anderen Gruppierungen aufweist. Gesellschaftliche Spaltung würde er als soziale Ungerechtigkeit bezeichnen, die es entsprechend zu bearbeiten gilt. Um ein Praxisbeispiel zu nennen: Man müsste die so geschwächten Gruppen, so nennt er sie, „empowern", also bestärken, dass sie zum Beispiel die Ungerechtigkeit artikulieren können, und zwar über das Membership zum Sozialarbeiter.

Timm Kunstreich: Mitgliedschaft wird meist immer positiv konnotiert, aber Falck spricht auch von negativer oder ambivalenter Mitgliedschaft. Aber trotzdem bleibt es bei der Mitgliedschaft, bei der Verbundenheit. Selbst im Knast oder wechselseitigem Todschlag kann es zu Verbindungen kommen.

Heinz Sünker: Ich denke, die sozialphilosophische Frage, um die es her ging und die meines Erachtens fundierend für Soziale Arbeit ist, hat ihren Ausgangspunkt mit dem Problem des Vergesellschaftungsmodus und der Frage nach den Konsequenzen für die konkreten Existenzweisen, Existenzbedingungen, Lebensweisen der Mitglieder der existierenden bürgerlich-kapitalistischen Gesellschaft. Dies war bereits 1959 Thema von Mollenhauers Dissertation, und da gab es eine falsche Antwort der Sozialpädagogik. Es wurde über Kulturverfall und Kulturpessimismus geredet, anstatt Gesellschaftsanalyse zu betreiben.

Der zweite Punkt ist, dass inzwischen alle, auch in der Kritik am deutschen Idealismus, über die Notwendigkeit der Konzeptualisierung von Relationalität in allen Bereichen reden – Relationale Vernunft, relationale Existenz. Daher der simple Verweis auf diese US-Debatten – und das ist in der Tat die Attacke, die da auf Clinical Social Work geritten wird. Nur frage ich mich auf der Ebene der Grundlagen, mit Bezug auf die Radical Social Work Tradition – die gibt's ja in UK, USA und Deutschland –, aber auch harmloser links-liberal oder liberal mit Bezug auf Specht/Courtney: Da kommt permanent das politische Mandat Sozialer Arbeit zum Tragen, und das wird hier dargestellt.

Das dritte ist die Lösung mit der Kategorie Transversalität. Wie ist hierbei das Verhältnis von Heterogenität und Homogenität, was dann noch mal die Diskussion um das Verhältnis von Allheit und Einzelheit ist, wie Theunissen (1981) das in der Hegel-Interpretation nennt. Und eine ganz andere Ebene ist die praktische der Sozialarbeiterstruktur mit Klienten. Auch da ist die Frage, wie wir uns das vorstellen können. Konzeptionell ist es wahrscheinlich einfacher, als real, in diese Arbeit hineinzugehen – aber was bedeutet das für die an diesem Prozess Beteiligten? Hier kommt es in der Tat zu einem Widerspruch, es sind Gegensätze und Vereinbarungen da. Und da könnte man die Frage stellen, was es bedeutet, wenn ich Rationalität als Basis für alle Beziehungsstrukturen anerkenne und wenn ich dann von Partizipation spreche. Das führt dann erstens zur Herausforderung, Rationalitätskonzepte neu bzw. erneuert – vielleicht auch mit Bezug auf „Vernunft" – zu diskutieren und zweitens deutlich zu machen, was Partizipation tatsächlich bedeutet (die bekannte Leiter der Partizipation von Alibi bis real) und zu welchen Konsequenzen sie auf der Seite aller Beteiligten und Entscheidenden führt.

Regina Rätz: Ich hänge an der Frage, was Falck überhaupt mit Gesellschaft meint. Ich rekonstruiere, in welchem Kontext er seine Ausführungen schreibt, und das ist die amerikanische Gesellschaft. Mit dem Verweis auf Dewey wurde es bereits deutlich: Demokratie funktioniert bei Dewey durch die Aktivität der einzelnen Bürgerinnen und Bürger innerhalb ihrer jeweiligen Community. Es kann davon ausgegangen werden, dass Falck vor diesem theoretischen Hintergrund schreibt. Das bedeutet: Eine lebendige Demokratie wird durch die Bürgerinnen und Bürger gestaltet, und da ist jeder zugehörig, unabhängig davon, wie sich gesellschaftlich und räumlich verortet und welche soziale Position eingenommen wird. Somit gibt es keinen Ausschluss. Das Paradigma von Inklusion und Exklusion gibt es bei Falck nicht, denn auch aus gesellschaftlichen Funktionssystemen exkludierte Menschen sind Teil der Gesellschaft und damit als Bürgerinnen und Bürger der Gesellschaft zugehörig.

Die Frage, die sich nach wie vor stellt, ist die nach der Membership-Konzeption. Falck betrachtet drei Ebenen und die möchte ich noch einmal in Erinnerung rufen. Die eine ist das Biologische, das heißt, wir sind als biologische Wesen mit anderen Organismen verbunden, sonst können wir gar nicht existieren. Die Zweite ist das Innerpsychische, wir sind ständig in Auseinandersetzungen mit der Umwelt, Innen und Außen etc., und die Dritte ist das Soziale, welches Kern der Beschäftigung innerhalb der Sozialen Arbeit ist. Und ich denke, dass wir in der Diskussion mit der Membership-Konzeption auch wieder ganz stark soziale Beziehungen entdecken und der Frage nachgehen, was genau innerhalb der sozialen Beziehungen an sozialer Realität konstituiert wird. Das macht Sinn, weil damit Soziale Arbeit konkret angesprochen wird. Aber es ergeben sich weitere Fragen, zum Beispiel zur Qualität des Membership. Wenn ich davon ausgehe, dass ich als Individuum in einer Gesellschaft sowieso verbunden bin, weil ich existiere, dann stellt sich die Frage, wie kann ich diese Verbindung verändern oder wie könnte sie überhaupt qualitativ aussehen? Beispielsweise auf Straßenkinder bezogen, wenn diese das Gefühl haben, dass sie gut verbunden sind, aber am Hamburger Bahnhof leben und keinerlei Bezüge zu sonstigen gesellschaftlichen Organisationen und Institutionen haben. Ist das dann eine positive Membership oder nicht? In diese Richtung würde ich den Begriff hinsichtlich der Sozialen Arbeit konkretisieren. In den USA wird Gesellschaft ausschließlich durch Organisationen strukturiert. Dort gehört jeder in irgendeine Organisation hinein, ob die nun formal eingetragen ist oder nicht. Das ist in Deutschland anders. Wir haben in der Sozialen Arbeit ganz viel mit sozialer Isolation zu tun, mit Menschen, die exkludiert sind, aus Familie, aus Nachbarschaft, die keine Zugehörigkeit zu einem Verein oder einer Partei haben. Da würde mich die Qualität der Membership genauer interessieren.

Timm Kunstreich: Ich finde, dass das Membership-Konzept gerade in Bezug auf das Wie stark sein kann, und das ist ein Punkt, den wir sehr schnell überspringen, gerade wenn wir mit Systemkategorien denken und argumentieren. Zum Beispiel Inklusion und Exklusion, das klingt tatsächlich so, als wäre da Schluss. Das stimmt ganz praktisch nicht, denn selbst wenn ich im Isolationsknast sitze, habe ich die ganze Welt in mir. Und da liegt das Problem, nämlich das das Positive nicht im moralischen Sinne positiv ist, sondern positiv im Sinne von gelebter Verbundenheit. Dazu gehört, dass das, was ich selbst dabei

erlebe, ja nicht individualistisch ist, sondern ist präformiert durch meine sub-
kulturelle Zugehörigkeit. Das heißt, es ist ein Prozess, in dem ich meine Mitgliedschaft als positiv oder eingegrenzt oder ausgegrenzt erlebe. Aber ich bin
nie wirklich ganz ausgegrenzt und ganz weg. Aus der Perspektive der Praxis
frage ich, was ich als Sozialarbeiter ermögliche. Ermögliche ich Zugänge zu anderen Formen von Mitgliedschaft, so wie Falck das vorschlägt? Mitgliedschaften, Membership stärken, neue anbieten, neue entwickeln, das heißt, sich selber in diesem Prozess als Ermöglicher und produktives Mitglied solch eines
Membership-Zusammenhangs zu sehen. Und das ist ein anderes Denken, als
von den Institutionen, von den Mitteln und den Finanzen usw. her zu denken.
Das schließt es nicht aus, aber es reduziert es nicht darauf. Und da haben wir
eine starke Tradition, das sehr funktionalistisch zu definieren.

Jack Weber: Was mich an dem Begriff der Verbundenheit stört, ist, wenn ich
von meinen Erfahrungen ausgehe, dass Verbundenheit eine falsche Katego-
rie ist, wenn man erklären will, was in unserer Gesellschaft vor sich geht. Der
Antagonismus zwischen Tarifparteien, der lässt sich nicht mit dem Begriff
Verbundenheit fassen. Da ist keine Verbundenheit und wenn von politischer
Seite die Verbundenheit an diese Parteien, diese Gegensätzlichkeiten heran-
getragen wird, ist das der Gemeinwohlbegriff, der vom Staat formuliert wird.
Dies wird für mich durch Membership nicht erklärt.

Weiter wurde gesagt, dass würde gefasst werden als bedingter Zugang.
Das trifft es meines Erachtens nicht. Der Gegensatz zwischen Arbeit und Kapital ist nicht durch bedingten Zugang zu fassen, sondern es sind Gegensätze,
die dort herrschen.

Bezogen auf den Zusammenhang zwischen Sozialarbeiter und Klient: Unmittelbar in der Erfahrung der Arbeit, zum Beispiel Familienhilfe, stellen wir
fest, dass es nicht um bedingte Zugänge geht, sondern um einen unmittelbaren Gegensatz zwischen Familie und dem Sozialarbeiter, der in der Verkör-
perung des staatlichen Interesse und Kontrolle in die Familie hineingeht. Mit
Verbundenheit kann man dieses Verhältnis nicht fassen. Bezogen auch auf
Gruppenarbeit: In der Sozialen Arbeit haben wir häufig mit Gruppen zu tun,
die nicht freiwillig zueinander kommen, sondern wo Zwangszusammen-
hänge herrschen. Und gehen wir Verbundenheit da mit der methodischen
oder didaktischen Kategorie an, dann tun wir diesem Zusammenhang zwischen den Klienten Unrecht, denn da herrschen zwischen den Einzelnen Gegensätze und Konkurrenzen.

Regina Rätz: Ich lese diesen Begriff Verbundenheit bei Falck nicht harmo-
nisch. Ich verstehe das erst einmal als eine Form von Kontakt und dass Falck
damit sagt, dass wir eben nicht isolierte Wesen sind, sondern als soziale Wesen immer im Kontakt sind. Und da gehören Konflikte dazu. Konflikte sind

wichtig, um überhaupt Gesellschaft in ihrer Entwicklung voranzubringen. Dewey hat dies ja als einen ganz zentralen Punkt überhaupt der Weiterentwicklung von demokratischen Prozessen gesehen. Es geht darum, die verschiedenen Mitglieder der Gesellschaft zu erreichen, um an der Lösung von gesellschaftlichen und sozialen Problemen sowie Konflikten dialogbereit zu arbeiten. Somit würde ich den Begriff Verbundenheit auf keinen Fall gleich setzen mit Harmonie. Allerdings wäre es interessant, von Falck mehr darüber zu erfahren, wie mit Konflikten in Gruppen unter der Perspektive der Membership auf der Ebene des sozialen Handelns umgegangen wird.

Zuhörer: Membership ist einerseits nicht gleichzusetzen mit Verbundenheit, aber es ist ein sehr weit gespannter Begriff. Membership empfinde ich als einen ermutigenden Begriff, der einen ermöglicht, Chancen, Widersprüche, Unterschiede anzugehen, weil man zum Beispiel die gleiche Sprache spricht, weil man gefühlsmäßig nachempfinden kann, was der andere will. Das sind Chancen, die leicht im funktionalen Denken verloren gehen, und ich denke, die sind für Gruppenarbeit, wie soziales Miteinander ganz entscheidend.

Das zweite ist der Rückgriff auf die Biologie. Ich glaube, das sind Metaphern bei Hans Falck. Es ist in der amerikanischen Literatur häufig so, dass gerade diese biologische, die individuelle, die soziale und die makrostrukturelle Dimension immer wieder bemüht wird und durchdekliniert wird. Für meinen Begriff entspricht das der Tradition.

Timm Kunstreich: Ich würde das ähnlich sehen, jedoch noch etwas zuspitzen, weil ich finde, dass dies absolut das ist, was Falck nicht meint. Das wäre ein völliges Missverständnis. „Ständige Verbundenheit" und „bedingter Zugang" sind zunächst einmal Formbegriffe, die es ermöglichen, darauf aufmerksam zu machen, dass so etwas existiert. Im Unterschied zu einer klassischen systemischen Theorie à la Luhmann, – Kommunikation ist alles, sie ist überall – ist diese Aussage aber von einer anderen Qualität. Das Verbundensein ist ein materialistischer Fakt, er sagt ja mehrfach, dass wir nicht aus Membership aussteigen können, wir können nicht nicht mehr dabei sein. Ähnlich wie: „Man kann nicht nicht kommunizieren". Von dieser Basis aus gilt es, genauer hinzugucken, was tatsächlich passiert.

Deshalb ist die Teilnehmerperspektive so wichtig, denn aus analytischer Perspektive ist es alles relativ schnell klar, und man hat keine Fragen mehr. Und da finde ich, ist es einfach ein Stück weiter, dass man aus dieser Teilnehmerperspektive etwas präziser hinguckt, was tatsächlich passiert – und das ist auch für mich das Neue daran.

Marcus Hußmann: Zum Thema Ausgrenzung fällt mir ein, dass dies nach Hans Falck ein Ausdruck von Verbundenheit ist: Es gibt Member, die unter diesen Ökonomien leiden, sie haben aber trotzdem einen Bezug zu denen, die Herrschaft ausüben. Die eben genannten Beispiele über die Hilfen zur Erziehung sind genau das, wogegen Falck sich richtet; es sind Beispiele, die er in die Kritik nehmen würde.

Heinz Sünker: Das zentrale Zitat: „Das Grundelement der Sozialen Arbeit besteht darin, dem Klienten bei der Handhabung von Membership behilflich zu sein, das heißt, ihm dabei zu helfen, Aspekte seines Memberships mit anderen Menschen zu verändern", kann ich natürlich auch als Sozialintegration lesen, so wie das die deutsche Soziale Arbeit auch mehrheitlich immer betrieben hat und betreibt. Es geht um die Verteidigung des Individuums gegen Verhältnisse, die Ungerechtigkeit und Ungleichheit und Ähnliches hervorbringen.

Zuhörer: Bezogen auf Tarifkonflikte ist da natürlich ein Gegensatz zwischen Kapital und Arbeit, ein Klassengegensatz. Und in diesem Klassengegensatz sind Kapital und Arbeit unabdingbar miteinander verbunden. Und deshalb müssen wir den Verbundenheitsbegriff, wie er hier teils auch verstanden wird, entschärfen, denn sonst gleiten wir wirklich ab in eine Engführung oder Primitivisierung des Verbundenheitsbegriffes aus Harmonisierung.

Zuhörer: Die Frage ist, was uns ein Begriff wie Membership oder Verbundenheit überhaupt erklären soll, was leistet der an dieser Stelle? Wenn man sagt, da ist auch der Gegensatz mit inbegriffen, ja was besagt der dann überhaupt noch? Irgendwie will der noch eine Verbindung der Menschen, ein gleiches Interesse miteinander, zum Ausdruck bringen. Das würde ich kritisieren, denn da geht er über die Gegensätze hinweg, und die sind eben nicht als Verbundenheit, sondern als Gegensätze zu fassen. Wenn es darum geht, ein Verbundenheitsverhältnis zwischen Kapital und Arbeit zu formulieren, dann weiß ich nicht, was an der Stelle der Begriff Verbundenheit soll, das sind Gegensätze.

Zuhörer: Unter der menschlichen Verbundenheit verstehe ich, dass auch der Sozialarbeiter Probleme hat und leidet und nicht immer der ist, der alles weiß und alles kann und der Klient nicht immer der ist, der gar nichts weiß. Wir sind menschlich gesehen gleich. Das Menschliche darin ist ein guter Ansatz.

Zuhörer: Zur Frage von Verbundenheit und Gegensatz.
Das, was mir an Hans Falck sympathisch ist, ist das Menschliche, was möglicherweise etwas idealistisch erscheint. Aber das ist für mich das, worauf ich mich positiv beziehen würde, das tatsächliche Verbundensein aller. Gerade wenn es im Klassenkampf darum geht, die freie Assoziation tatsächlich irgendwann erreichen zu können, dann muss ich doch ein Ziel haben, und dieses Ziel muss darin bestehen, dass ich der Auffassung bin, dass alle Men-

schen wirklich gleich sind. Ansonsten verstehe ich diesen Gegensatz gar nicht und kann diesen Kampf auch gar nicht führen. Um den Gegensatz überwinden zu können, muss ich doch eine Gleichheit anstreben, und ich denke, dass die Konsequenz sein muss, dass ich mich gesellschaftspolitisch engagieren und klar positionieren muss, und das fehlt da offenkundig.

Timm Kunstreich: Alles, was werden wird, wird nur dann, wenn wir heute damit anfangen. Es wird keinen großen Knall geben, und dann ist die neue Gesellschaft da. Und das ist das Interessante daran, dass wir damit beginnen, was wir experimentell ausprobieren können. Das kann scheitern, es wird auch immer wieder scheitern, es kann aber auch gelingen, denn handeln in Prozessen der Gesellschaftsveränderung können nur aktive Menschen und nicht Strukturen.

Abschlussrunde

Regina Rätz: Was mich noch beschäftigt ist der Begriff der Organisation, den ich bei Hans Falck nicht finde.

Weiter dachte ich nach dieser Debatte, ob besser mit dem Begriff Verbindungen statt Verbundenheit gearbeitet werden sollte. Und dazu fielen mir weiterführend Aspekte wie Markt und auch digitale Formen von Verbindungen ein. Vor allem Letzteres würde im Membership ein bedenkenswerter weiterer Zugang sein, da inzwischen die digitalen Kommunikationsformen sehr deutlich direkte soziale Interaktionen beeinflussen.

Marcus Hußmann: Diese Auseinandersetzung mit der Membership-Theorie war im deutschsprachigen Raum bislang erst ansatzweise vorhanden, und dieses Treffen ist eine Bereicherung. Ich würde gerne an diesem Protagonisten- oder auch Akteursmodell von Gesellschaft weiter diskutieren, wie wir es heute getan haben.

Heinz Sünker: Erstens zu der Frage, was daran schlimm ist. „Es kommt nicht auf die Versöhnung von Individuum und Gesellschaft an, sondern darauf, dass mit der Emanzipation der Gesellschaft jedes ihrer Mitglieder emanzipiert wird". Darum geht es bei der Sozialen Arbeit. Zweitens, Brechts Galilei sagt, da es so ist, bleibt es nicht so. Das heißt, es geht um Zeittheorie und Zeitpraxis. Und drittens, wenn man den Falck im Nachwort auf Seite 133 zur deutschen Ausgabe liest – Aspekt der Relation bzw. der Verbundenheit –, heißt das, dass man die Verbundenheitsdiskussion noch weiterführen kann und auf S. 132 kritisiert er scharf den christlichen Quietismus – „es gab eine 1000 Jahre alte deutsch-jüdische Tradition, sie ruhte auf den zwei biblischen

Konzepten der sozialen Gerechtigkeit einerseits und dem Glauben an eine bessere irdische Welt andererseits". Es geht also schon darum, praktisch in die Verhältnisse einzugreifen und nicht nur rumzuwerkeln.

Timm Kunstreich: Vor diesem Hintergrund ist es sinnvoll, eine jährliche Hans-Falck-Vorlesung einzurichten, weil so viele Themen, Fragestellungen und neue Aspekte noch offen sind. Mich interessiert dabei weniger das Warum, mich interessiert das Wie und vor allem das „Wie das verändern?!" und da macht Hans Falck Mut.

Literatur

Böhnisch, Lothar/Lösch, Hans (1973): Das Handlungsverständnis des Sozialarbeiters und seine institutionelle Determination. In: Otto, Hans-Uwe/Schneider, Siegfried (Hrsg.): Gesellschaftliche Perspektiven der Sozialarbeit. Neuwied/Berlin. S. 21–40

Bourdieu, Pierre (2004): Der Staatsadel. Konstanz

Falck, Hans (1982): Neuere Entwicklungen der Sozialarbeitstheorie in den Vereinigten Staaten von Amerika. In: Hubert Oppl/Arnold Tomaschek (Hrsg.): Soziale Arbeit 2000. Bd. 1. Soziale Probleme und Handlungsflexibilität. Freiburg. S. 139–161

Falck, Hans (1988): Social work – The Membership Perspective. New York

Falck, Hans (1996): Membership. Eine Theorie der Sozialen Arbeit. Stuttgart

Marx Engels Werke (1972): Manifest der kommunistischen Partei. In: MEW. Bd. 4. Berlin

Mollenhauer, Klaus (1959): Die Ursprünge der Sozialpädagogik in der industriellen Gesellschaft. Weinheim

Otto, Hans-Uwe/Sünker, Heinz (1991): Volksgemeinschaft als Formierungsideologie des Nationalsozialismus. Zu Genesis und Geltung von „Volkspflege". In: dies. (Hrsg.): Politische Formierung und soziale Erziehung im Nationalsozialismus. Frankfurt am Main. S. 50–77

Schore, Allan N. (2005): Das menschliche Unbewusste: die Entwicklung des rechten Gehirns und seine Bedeutung für das frühe Gefühlsleben. In: Green, Viviane (Hrsg.): Emotionale Entwicklung in Psychoanalyse, Bindungstheorie und Neurowissenschaften. Theoretische Konzepte und Behandlungspraxis. Frankfurt am Main. S. 35–68

Specht, Harry/Courtney, Mark (1995): Unfaithful Angels. How Social Work Has Abandoned Its Mission. New York

Sünker, Heinz (1998): Soziale Arbeit – Gesellschaft – Individualität. In: Widersprüche. Zeitschrift für sozialistische Politik im Bildungs-, Gesundheits- und Sozialbereich 18. Jg., Heft 70, S. 69–83

Sünker, Heinz (2000): Gesellschaftliche Perspektiven Sozialer Arbeit heute. In: Mueller, Siegfried et al. (Hrsg.): Soziale Arbeit. Gesellschaftliche Bedingungen und professionelle Perspektiven. Festschrift für Hans-Uwe Otto zum 60. Geburtstag. Neuwied. S. 209–225

Theunissen, Michael (1981): Die verdrängte Intersubjektivität in Hegels Philosophie des Rechts. In: Henrich, Dieter/Horstmann, Rolf-Peter (Hrsg.): Hegels Philosophie des Rechts. Stuttgart. S. 317–381

Theunissen, Michael (1982): Selbstverwirklichung und Allgemeinheit. Berlin

Gesellschaftliches Bewusstsein und kontaktvolle Präsenz – Soziale Arbeit als ‚verlässliche Kooperation'?

Susanne Maurer

„Angesichts der Privatisierung von Einrichtungen (wie Pflegeheimen oder Kliniken), des Umbruchs und Umbaus der ehemals gewährten und öffentlich getragenen sozialen Infrastruktur haben sich in Schottland Fachkräfte, zum Teil auch gemeinsam mit Nutzer_innen Sozialer Dienste organisiert und ihren Protest, ihr Nicht-Einverstanden-Sein zum Beispiel mit den Slogans: „We are not for sale"! Oder „We did not come in for this!" (also: „Wir stehen nicht zum Verkauf, und wir sind auch nicht in diesen Beruf gegangen, um das zu tun, was jetzt hier von uns verlangt wird.") artikuliert.[1] Menschen, die sich auf solche Weise protestierend, widersprechend zu Wort melden, begehren auf, sie schaffen eine Öffentlichkeit, und schließen ungewöhnliche und ungewohnte Bündnisse, die sicherlich nicht ganz unkompliziert, vielleicht auch konfliktträchtig sind. Aber sie versuchen zum Ausdruck zu bringen, dass sie sich an dem, was gerade passiert in den sozialen Hilfelandschaften – eingebettet in einen bestimmten politisch-ökonomischen Prozess – nicht beteiligen wollen."[2]

In Auseinandersetzung mit Hans Falcks Ideen (1997) sowie mit den gegenwärtigen gesellschaftlichen Prozessen und Konflikten habe ich mich gefragt, inwiefern Soziale Arbeit so etwas wie ‚Verlässlichkeit' überhaupt ermöglichen kann. Wir arbeiten in der Sozialen Arbeit ja keineswegs unter optimalen Bedingungen, haben oft nicht genügend Ressourcen zur Verfügung, um diejenigen fachlichen Qualitätsvorstellungen tatsächlich zu realisieren, die wir in der Sozialen Arbeit im Laufe der Zeit entwickeln konnten – etwa als Vorstellungen von einer dialogischen, solidarischen, kooperativen Praxis, als koproduktive Arbeit mit unseren Adressat_innen. Vielmehr haben wir es mit

---

1 Vgl. www.socialworkfuture.org/attachments/article/56/SWAN/Social Work Manifesto.pdf
2 Solche Initiativen gibt es in verschiedenen Ländern, und auch in der BRD haben sich in den letzten zehn Jahren erneut Gruppen kritisch denkender Sozialarbeiter_innen (vor allem in Arbeitskreisen Kritischer Sozialer Arbeit – vgl. www.kritischesozialearbeit.de) gebildet, die ihre Arbeit selbstkritisch überprüfen und aus dem Binnenr-Raum sozialer Institutionen heraus versuchen, problematische Praktiken in den eigenen Arbeitszusammenhängen öffentlich zu machen. – Siehe dazu auch das von Mechtild Seithe und anderen gegründete Unabhängige Forum (www.einmischen.com).

vielfältigen Brüchen, Schwierigkeiten und Einschränkungen zu tun, die die Frage beeinflussen, „was bedeutet Verlässlichkeit und wie lässt sie sich womöglich auch unter diesen schwierigen Bedingungen in irgendeiner Weise als Qualität verwirklichen?" Mein eigener Versuch besteht darin, in diesem Zusammenhang die Dimension des zwischen-menschlichen und auch zwischen-leiblichen Kontaktes in den Blick zu nehmen, und doch zugleich immer auch die strukturellen Rahmenbedingungen mit zu thematisieren. Das Bewusstsein von den gesellschaftlichen Dimensionen und Bedingtheiten Sozialer Arbeit bezeichne ich hier als „gesellschaftliches Bewusstsein".

Im Kontext kritischer Perspektiven und Beiträge mit Bezug auf Soziale Arbeit tritt eine Problematik immer wieder hervor: Die radikale (Gesellschafts-)Kritik Sozialer Arbeit steht häufig recht unvermittelt neben ernsthaften Versuchen einer (möglichst) ‚guten Praxis' Sozialer Arbeit. Im ungünstigsten Fall werden beide Seiten gegeneinander ausgespielt, ansonsten werden sie häufig einfach nicht aufeinander bezogen, geschweige denn in ihrer spannungsreichen und potenziell produktiven Vermittlung reflektiert. Gerade vor diesem Hintergrund möchte ich die Ideen von Hans Falck als Anregung und Herausforderung aufgreifen. Dabei stelle ich auch Bezüge zu einer – nicht zuletzt feministisch inspirierten – Auffassung von der ‚Angewiesenheit', dem ‚Aufeinander-Verwiesensein' der Menschen her.

Wenn „verlässliche Kooperation" als Perspektive verfolgt wird, so stellt sich die Frage: Was braucht es dazu, bzw. inwiefern lässt sich „verlässliche Kooperation" auch unter extrem eingeschränkten/einschränkenden Bedingungen gestalten – etwa im Sinne eines Resonanz Gebens und Resonanz Erfahrens in den eigenen Lebenssituationen und -schwierigkeiten?

Mit der Figur der „kontaktvollen Präsenz" wird eine Dimension von Sozialität oder „Membership" verdeutlicht, auf die sich Soziale Arbeit auch innerhalb der ihr gesetzten (und manchmal selbst gewählten, selbst hervorgebrachten oder bestätigten) Grenzen beziehen könnte. Wahrnehmung, Resonanz und Anerkennung spielen in diesem Zusammenhang eine zentrale Rolle.

Der Gedankengang bewegt sich damit in einer zweifachen Aufmerksamkeit: für strukturelle Verhältnisse und Begrenzungen und für die Qualität konkreter Handlungen und Interaktionen in der sozial(arbeiterisch)en Situation. Mit dieser Doppel-Betrachtung verbindet sich eine gewisse Spannung, sie korrespondiert aber mit dem Anliegen und Versuch Hans Falcks Individuum und Gesellschaft in einem spezifischen Zusammenhang zu denken, und dies auch in eine spezifische sozialarbeiterische Arbeitsweise zu übersetzen. Unter Studierenden, aber auch unter Kolleg_innen in der beruflichen Praxis ebenso wie in der Hochschule teilen sich die Perspektiven des kritischen gesellschaftspolitischen Engagements und der ‚möglichst guten Arbeit in der direkten Interaktion' (etwa in einem beraterischen Setting) häufig auf verschiedene Protagonist_innen auf. Man könnte auch sagen, die einen verstehen sich eher als politische Akteur_innen, die anderen bemühen sich stärker um die Dimension des – professionell ausgestalteten – zwischenmenschlichen Kontakts. Gelegentlich finden sich beide Perspektiven in ein und derselben Person, bleiben jedoch seltsam unverbunden (eine Erfahrung, die mir selbst durchaus vertraut ist!).

Wie aber könnten diese beiden Dimensionen bewusst und systematisch miteinander verknüpft werden? Die Auseinandersetzung mit den Beiträgen von Hans Falck betrachte ich hier als Inspiration – und zugleich als sehr anspruchsvolle Herausforderung. Seine Perspektive von Membership und die Doppelfigur „konstante Verbundenheit – bedingte Zugänge" bildet den Hintergrund für den nun folgenden Versuch.

Auch Timm Kunstreichs „Arbeitsprinzip Partizipation" (2001) bzw. sein Entwurf einer „Dialogischen Professionalität" (2009) fungieren dabei als Bezugspunkt. Für mich verbindet sich damit die Erinnerung an und das Wissen um den ‚Eigensinn des Sozialen', als eigene Dimension mit einer ganz eigenen Qualität. Würdigen möchte ich an dieser Stelle allerdings auch noch andere Kolleg_innen und Kontexte, die mein NachDenken zu „kontaktvoller Präsenz" in Zusammenhang mit „gesellschaftlichem Bewusstsein" herausgefordert und inspiriert haben: Stellvertretend nenne ich hier die Überlegungen und experimentellen Praxisversuche von Hedwig Ortmann (1992), die – marxistisch und zugleich gestalttheoretisch gebildet – sich mit der Frage nach „dem richtigen Ton" im pädagogischen Arbeiten auseinandersetzt: Was bedeutet es eigentlich, einen zwischenmenschlichen Kontakt zu gestalten, ‚(kon)taktvoll' zu arbeiten? Neben dem Respekt und der Achtung der Grenzen meines Gegenübers ist hier auch die Frage des ‚richtigen Maßes', des ‚richtigen Zeitpunkts' (bzw. Rhythmus) sowie der notwendigen ‚Einstimmung' in Situationen mit anderen angesprochen.

Ich möchte hier insbesondere drei Aspekte diskutieren, die im bisher Gesagten bereits anklingen: erstens den Aspekt der Gesellschaftskritik, ohne die wir in der Sozialen Arbeit nicht auskommen, wenn wir die Verhältnisse verstehen wollen, in denen wir unsere Arbeit realisieren – und wenn wir mit unserer Arbeit zur Transformation von (Lebens-)Verhältnissen beitragen wollen; in diesem Zusammenhang brauchen wir ein kritisch-analytisches, aber auch ein gesellschaftspolitisches oder *gesellschaftliches Bewusstsein*; der zweite Aspekt hat mit den von vielen Kolleg_innen unternommenen „ernsthaften Versuchen" (der Begriff zitiert Bernfelds Bericht über das Kinderheim Baumgarten, 1921) zu tun, eine möglichst gute, sich selbst auch immer wieder überarbeitende Praxis zu verwirklichen. Ich möchte diese Versuche hier als „tastende, riskierende Praxis" bezeichnen. In diesem Zusammenhang brauchen wir ein *Bewusstsein von der Geschichte*, ein Wissen um die geschichtliche Entwicklung dessen, was wir als Gegenwart erleben – also auch dessen, was wir als soziale Infrastruktur, als Institutionen und Praktiken vorfinden, leben und mitgestalten. Dies möchte ich – und damit komme ich zum dritten Aspekt – verbinden mit einer *Achtung des gegenwärtigen Moments*. Dieser gegenwärtige Moment weist potenziell über das gesellschaftlich und geschichtlich Vorstrukturierte hinaus, und darauf kommt es in den hier formulierten Überlegungen entscheidend an.

Wenn ich historisch denke und mich historisch vergewissere, geht es mir nicht nur um eine Rekonstruktion oder ein Nachvollziehen, etwa in dem Sinne: Wie konnte etwas zum sozialen Problem werden? Wie hat sich unser Wohlfahrtsstaat entwickelt, wie bricht er gerade um, wird transformiert und teilweise auch zurückgenommen? Vielmehr ist im Bewusstsein von der Geschichtlichkeit der Phänomene und Problematisierungen auch immer zu fragen: Was geschieht genau in diesem Moment in einem einzelnen Leben oder in einer ganz bestimmten sozialen Situation, in der Menschen aufeinandertreffen und in der wir als Sozialarbeiter_innen agieren (sollen/wollen)? Ich entwickle dafür die Figur des „kontaktvollen Moments" oder der „kontaktvollen Präsenz".

Damit sind verschiedene Vermittlungsverhältnisse angeschnitten, die in einem einzelnen Beitrag sicherlich nicht angemessen erarbeitet und entfaltet werden können, die sich aber zumindest benennen und kennzeichnen lassen. So etwa, wenn ich auf die politisch-soziale und die (berufs-)ethische Dimension im professionellen Handeln zu sprechen komme, auf den fachlichen Auftrag und seine Ausgestaltung in einem bestimmten (institutionellen) Setting; aber auch, wenn ich die konkrete zwischenmenschliche und zwischenleibliche Dimension in den Blick nehme (vgl. hierzu ausführlicher Maurer 2013).

Für mich ist in den letzten Jahren sehr wichtig geworden, eine Art *Grenz-Bewusstsein* zu entwickeln und zu kultivieren. Das heißt zum einen, die Grenze(n) meines Gegenüber zu achten, zum Zweiten mir selbst im Vollzug fachlichen Handelns – evtl. auch im Dialog mit meinen Gegenübern – bestimmte Begrenzungen (zum Beispiel in Bezug auf sozialarbeiterische oder pädagogische Eingriffe – vgl. dazu auch die spannende Auseinandersetzung bei Nemitz 1996) aufzuerlegen, mir vor allem aber auch der spezifischen Begrenztheiten bewusst zu sein, des Konflikthaften, des manchmal Schmerzlich-Zwiespältigen, auf das meine Arbeit sich bezieht und das auch meiner eigenen Praxis innewohnt. Die (vielfach beschriebenen) Paradoxien und Spannungen professionellen Handelns in der Sozialen Arbeit gilt es zunächst einmal wahrzunehmen und anzuerkennen, dann aber auch ‚auszuhalten‘ und sie möglichst bewusst zu reflektieren und zu gestalten. In diesen Widersprüchen beweglich und handlungsfähig zu bleiben, wäre sozusagen der ernsthafte Versuch.

Dass dieser Versuch auch auf der Seite der Adressat_innen Sozialer Arbeit permanent stattfindet, darauf machen nicht zuletzt historische Studien aufmerksam (Richter 2011). Ob in Alltags- und Sozialgeschichte, Empirischer Kulturwissenschaft oder auch der Geschlechtergeschichte zeigen sich „Listen der Ohnmacht" (Honegger/Heintz 1981), die darauf verweisen, dass eine strukturelle Unterlegenheit nicht zwangsläufig gleichzusetzen ist mit Handlungsunfähigkeit und dass Machtprozesse vielschichtiger und mehrdeutiger sind, als wir häufig annehmen. Gerade in der Praxis Sozialer Arbeit brauchen wir die Erinnerung daran, dass gesellschaftlich Benachteiligte, Marginalisierte und in schwierigen Lebensverhältnissen Lebende Strategien der Lebensbewältigung entwickeln, die wir zunächst einmal wahrnehmen und in ihrer (subjektiven) Funktion(alität) und Bedeutung erkennen müssen.

In durchaus unterschiedlichen Beiträgen ist dafür ein – oft sehr feines – Sensorium und auch anspruchsvolles theoretisches Instrumentarium entwickelt worden. Und gerade hier wird deutlich, wie wichtig eine „soziologische" (Negt 1968) oder „soziale Phantasie" (Maurer 2008) ist, als kritische Vorstellungskraft – die sich der Vielgestaltigkeit menschlicher Lebensversuche gegenüber offen erweist und die auch in der Sozialen Arbeit dazu beitragen kann – über das Gegebene hinaus und aus der eigenen Verwobenheit in gesellschaftliche Verhältnisse und soziale Situationen herauszudenken und zu handeln. Vielleicht geschieht dies in der unspektakulär anmutenden alltäglichen Praxis Sozialer Arbeit häufiger, als wir im Hochschul- und Wissenschaftskontext geneigt sind anzunehmen? Die Frage wäre, unter welchen Voraussetzungen ein solch öffnendes und überschreitendes Vorstellen und Handeln möglich wird. Neben dem *Mut* – den der Versuch, Gegebenes zu hinterfragen und eingreifend zu transformieren, erfordert (und der in kollektiven Bezügen vielleicht leichter gefasst wird als in einer Situation der Vereinzelung) – braucht es *Material*, mit dem das Unvorstellbare vorstellbar gemacht werden kann. Solches Material findet sich zum einen in konkreten historischen Praxisversuchen (wie zum Beispiel Kinderrepubliken, genossenschaftlichen Modellen, einer solidarischen Ökonomie), aber auch in literarisch-künstlerischen Gestaltungsversuchen einer anderen möglichen Wirklichkeit – bis hin zum streng systematischen Gedankenexperiment (vgl. Macho/Wunschel 2004). In derartigen Produktionen werden imaginäre ‚andere Wirklichkeiten' narrativ entfaltet, bebildert, und damit – über Verfahren der Kontrastierung und ‚Spiegelung' – auch die jeweils gegenwärtig gegebenen Verhältnisse in neuer Weise betrachtet, manchmal auch (gedanken-) experimentell auf die Spitze getrieben und ‚zur Kenntlichkeit entstellt'.

Auch im Kontext sozialer Bewegungen und kritisch-oppositioneller Strömungen wurde immer wieder versucht, über die bestehenden gesellschaftlichen Verhältnisse hinauszudenken, wurde immer wieder „soziale Phantasie" entfaltet. Ich betrachte derartige Versuche als wichtige Ressource auch für die Soziale Arbeit (die historisch von solchen Strömungen und Bewegungen ja durchaus geprägt – zumindest herausgefordert – worden ist, und dies geschieht auch gegenwärtig wieder). Beispielhaft konkretisieren ließe sich das an feministischen Kritikversuchen, utopischen Impulsen und konkreten Visionen, die sich etwa auf die gesellschaftliche Organisation von Arbeit beziehen: Wie könnte eine gesellschaftliche Arbeitsteilung aussehen, die gerecht(er) gestaltet wäre, wie könnten Teilhabechancen für alle realisiert werden, ohne bestimmte Gruppen oder einzelne Menschen aufgrund bestimmter ‚Merkmale‘ auszugrenzen? Und wie könnten Aspekte des persönlichen Lebens/der persönlichen Lebensführung geachtet und geschützt werden, ohne sie zugleich aus dem Bereich des Politischen auszuschließen – und sie in einer als a-politisch erachteten Sphäre des ‚Privaten‘ einzuschließen?

Aus diesen vielfältigen Aspekten möchte ich mich nun derjenigen Seite des Zusammenhangs noch intensiver zuwenden, mit der die Versuche angesprochen sind, *eine möglichst gute Praxis* konkret vor Ort zu entwickeln und immer wieder neu zu gestalten – trotz und gerade auch angesichts der übergreifenden problematischen Entwicklungstendenzen. Hier zeigt sich wieder das eingangs bereits gekennzeichnete Spannungsverhältnis zwischen gesellschaftspolitisch bewusster und engagierter Kritik und dem Versuch, ‚in den Verhältnissen, wie sie sind‘ handlungsfähig zu bleiben, sie durchaus auch anzuerkennen in ihrer Gegebenheit und sozusagen ‚mit ihnen zu arbeiten‘. Ich möchte hier die Hoffnung und Position formulieren, dass sich diese beiden Seiten gegenseitig nicht blockieren müssen (und sollten), dass sie sich keinesfalls gegenseitig missachten sollten, sondern vielmehr ihre Verwiesenheit aufeinander, ihr Wechselspiel wahrnehmen und würdigen. Welche Denkangebote und -möglichkeiten können dabei unterstützen? Und wo finden sich in der Geschichte (sozial-)pädagogischen Denkens und Handelns Beispiele für derart vermittelnde Versuche, für die dafür nötigen ‚öffnenden Praktiken‘?

Ich werfe dafür einen Blick zur Seite, schaue nach Kommunikationsweisen, die sich nicht zuletzt aus Praktiken zivilen Ungehorsams und der Konfliktarbeit entwickelt haben, aber auch im Kontext beraterischer und therapeutischer Arbeit weiterentwickelt und kultiviert worden sind. So stellt etwa die Praxis der „gewaltfreien Kommunikation" im Sinne Marshall Rosenbergs (2004) einen ‚ernsthaften Versuch‘ dar, eine genauere, sorgfältigere Wahrnehmung zu entwickeln, die die Anerkennung der eigenen Subjektivität wie der Subjektivität meiner Gegenüber voraussetzt – und diese zugleich kommunikativ praktiziert. Hier wird ganz praktisch an der Kunst des Dialogs gearbeitet – gerade vor dem Hintergrund eines gesellschaftspolitischen Bewusstseins in Bezug auf Konflikte. Dieses Bewusstsein entlässt uns – so die ‚Botschaft‘ der gewaltfreien Kommunikation – nicht aus der Verantwortung der konkreten Kommunikation, der Aufgabe sich selbst mitzuteilen und auch die Mitteilung der ‚Anderen' zu hören. Das in diesem Kontext betonte Moment der (möglichen und aufgetragenen) Empathie weist meines Erachtens eine Korrespondenz mit Hans Falcks Vorstellung der „konstanten Verbundenheit" auf. Die radikale Anerkennung anderer Menschen als Mit-Menschen stellt dafür die normative Voraussetzung dar.

Während die gewaltfreie Kommunikation mehr die verbale Seite der Kommunikation betont, habe ich in einem anderen (Ausbildungs-)Kontext kennenlernen können, welche Rolle die Leiblichkeit der Menschen auch in sozialen Situationen und Interaktionen spielt, und dies wiederum mit Denkmöglichkeiten verbinden können, die davon ausgehen – und dies auch konzeptualisieren – dass das Gesellschaftliche sich in die Körper einschreibt und dass Erfahrungs-Geschichten zugleich auch Körper-Geschichten sind. Das Dialogische kommt hier in noch anderer Weise ins Spiel, nämlich als konkretes somatisches Resonanz-Verhältnis.

Hier kommt dem ‚Zwischen-Leiblichen' eine besondere Bedeutung zu, das meines Erachtens eine eigene Qualität hat und im Kontext Sozialer Arbeit eine ganz eigene Art von Ressource darstellen kann. Verschiedene Studien (zum Beispiel Wuttig 2015) legen überzeugend dar, dass sich gerade aus dem Feld des Zwischen-Leiblichen heraus unverhoffte, ‚andere' nächste Schritte/ Bewegungen entwickeln können. In einer achtsamen körperbezogenen – und den Körper, das Leibliche als Dimension bewusst einbeziehenden – Praxis spielt die Würdigung dessen, was die Gegenüber als ihre Lebensgeschichte, als ihre Lebenserfahrung zunächst einmal in die Situation einbringen, eine wichtige Rolle – das, was ihnen bislang widerfahren ist, wie sie es auch im gegenwärtigen Moment erneut schmerzlich (also auch körperlich) (wieder-)erleben. Wenn diese Würdigung im Verlauf – oder Moment – der gemeinsamen Arbeit mit der Ermutigung verbunden wird, von da aus weiterzugehen, so ist damit eine Eigen-Bewegung im nicht nur konkret-körperlichen Sinne angesprochen. Das Vertrauen darauf, das Zutrauen, dass dies möglich sei, stellt eine der vorhin bereits erwähnten ‚öffnenden Praktiken' dar. Ich möchte dies an Erfahrungen aus der körper(psycho)therapeutischen Praxis veranschaulichen, die ich zusammen mit Kollegen exemplarisch untersucht und analysiert habe (vgl. Kaiser 2011). Auch wenn der untersuchte Arbeitskontext nicht den üblichen Settings Sozialer Arbeit entspricht, so lässt sich daraus doch ein Wissen und eine Aufmerksamkeit beziehen, die für die Soziale Arbeit fruchtbar gemacht werden können (vgl. Maurer/Täuber 2009).

Die erwähnte Situation (eine circa einstündige körpertherapeutische Arbeit im Ausbildungskontext) wurde von uns auf die in ihr stattfindenden ‚Interventionen' des Therapeuten ebenso untersucht wie auf die vom Klienten ausgehenden Impulse und Eigen-Bewegungen. Sichtbar wurde ein feines Geflecht und eine manchmal kaum noch wahrnehmbare, ‚leise' Dynamik der Entwicklung in Richtung Erweiterung von Bewegungs- und (auch sprachlicher) Handlungsfähigkeit, die uns zutiefst beeindruckt hat. Zu den Bedingungen für dieses Geschehen – so unsere Wahrnehmung bei der mehrfachen Beobachtung und systematischen Rekonstruktion des Prozesses – gehörte offenbar ein Rahmen, der auf Ko-Präsenz und Kooperation in einem sehr egalitären Sinne beruhte und in dem die Arbeitsweise des Therapeuten als sehr zurückgenommen (sich selbst begrenzend und regulierend) und dennoch zugleich immer auch etwas anbietend beschrieben werden kann. Für mich ergeben sich hier die entscheidenden Querverbindungen zu den Versuchen, eine dialogische Professionalität zu realisieren und Soziale Arbeit als Ko-Produktion zu fassen.

Perspektiven und Arbeitsweisen, die das Dialogische ernst nehmen, auch wenn sie dabei auf Schwierigkeiten stoßen und auch an ihre Grenzen gelangen, finden sich neben Paulo Freire auch bei Augusto Boal (vgl. Krause 2009). Mit der Nennung dieser Namen wird zugleich die Dimension und Qualität des Befreienden angesprochen. Bei Freire und Boal ist damit sehr stark eine Praxis verbunden, die es ermöglicht, die eigene Stimme zu erheben, hörbar und sichtbar zu werden und dabei auch Resonanz zu erfahren.

In der Geschichte ‚radikaler‘ Sozialer – und auch pädagogischer – Arbeit sind etliche Beispiele für entsprechende Versuche und Praktiken zu finden, an die immer wieder erinnert werden muss, weil wir uns im Alltag und im Sog gegenwärtiger Entwicklungen und Zwänge („bedingter Zugänge“) manchmal von diesem ‚Rohstoff der Erfahrung‘ abschneiden – oder davon abgeschnitten werden, und ihn damit auch nicht als Ressource, als Stoff für unsere eigne ‚soziale Phantasie‘, unsere eigene kritische Vorstellungskraft nutzen können.

Wenn wir etwa an Protagonist_innen wie Jane Addams oder Janusz Korczak denken, so zeigen sich uns auch hier ko-präsente, kooperative, egalitäre, solidarische Praktiken – wenn auch in ganz unterschiedlicher Ausprägung. Die Qualitäten und produktiven Aspekte dieser Praktiken können gewürdigt und herausgestellt werden, ohne sie zu idealisieren und in ihren auch konflikthaften und problematischen Aspekten zu verkennen (Langhanky 1993).

So haben etwa Jane Addams und ihre Mitstreiter_innen ihre soziale Praxis mit sozialkritischer Forschung und Visionen einer gerechteren und bewusst sozial gestalteten Gesellschaft verbunden. Diese teilnehmende und zugleich – gesellschaftspolitisch – eingreifende Arbeit war davon gekennzeichnet, sich bewusst ‚mittenhinein‘ in die schwierigen Lebensverhältnisse zu begeben und dabei auch ‚das Schmuddlige des Alltags‘ (wie Hans Thiersch es bezeichnen würde) nicht zu scheuen.

Die Erwähnung Korczaks erfolgt hier ebenfalls nicht ohne Hintersinn: Ich möchte an dieser Stelle des Gedankengangs nämlich besonders an eines der von ihm formulierten und postulierten ‚Rechte der Kinder‘ erinnern – das

‚Recht des Kindes auf den heutigen Tag'. Die Auseinandersetzung damit begleitet mich schon länger, und sie verbindet sich für mich mit der Aufmerksamkeit für und der Be-Achtung des ‚gegenwärtigen Moments'. Wenn ich mir die Frage stelle, wie (eine grundlegende, radikale) Gesellschaftskritik und ‚eine möglichst gute Praxis' auch gedanklich in einen Zusammenhang gebracht werden können, wie also der ‚Makro-Blick', der Blick aus einer größeren Distanz, und der ‚Mikro-Blick' (der fast schon ‚von innen heraus' praktiziert und kultiviert wird) vermittelt und ins Verhältnis gesetzt werden können, dann ist der ‚gegenwärtige Moment', die ‚gegenwärtige Situation' für mich dabei der entscheidende Bezugspunkt.

Ob ich die gesellschaftspolitische Ebene mit ihrer Thematisierung sozialer Fragen und der Definition/Konstruktion ‚sozialer Probleme' aufsuche, ob ich danach frage, wie sich dies in das Feld Sozialer Arbeit übersetzt, wo die Fragen und Probleme nicht zuletzt institutionell bearbeitet werden, ob ich mich auf konkrete Adressat_innen beziehe oder die eigene Fachlichkeit zum Thema mache – wenn dabei emanzipatorische Orientierungen im Spiel sind, wenn die Soziale Arbeit also vom Interesse an befreienden Aspekten inspiriert ist, dann ist damit immer die Herausforderung verbunden, die Lebensverhältnisse sehr konkret zu anderen Möglichkeiten hin zu öffnen. Wie kann Soziale Arbeit vor einem solchen Hintergrund gestaltet werden, worin zeigt sich konkret so etwas wie ‚solidarische Professionalität'? Diese Fragen müssen immer wieder aufs Neue gestellt und beantwortet werden, und sie stellen sich immer in einer konkreten Situation, in einem ‚gegenwärtigen Moment'.

In diesem ‚gegenwärtigen Moment', in dieser konkreten Situation werden auch die (Selbst-)Begrenzungen Sozialer Arbeit – manchmal extrem, und auch sehr schmerzlich und konflikthaft – deutlich. Nicht nur der Blick in die Geschichte(n) Sozialer Arbeit zeigt uns, dass – und in welch oft erschreckenden Ausmaß – wir selbst beteiligt sind an Prozessen der Stigmatisierung, der Pathologisierung, der Individualisierung, die wir auf einer anderen Ebene kritisch hinterfragen und vehement zurückweisen. Widerständig und öffnend wirkt hier m. E. tatsächlich die Erinnerung daran, dass wir in der Sozialen Arbeit in und mit sozialen Situationen arbeiten, und nicht ‚die Menschen behandeln', die in irgendeiner Weise nicht den vorherrschenden gesellschaftlichen Erwartungen entsprechen. Vielmehr – und davon sprechen alle Entwürfe, die Soziale Arbeit als Konfliktarbeit kennzeichnen (zuletzt Stövesand/Röh 2015) – geht es stets um die Rekonstruktion der gesellschaftlichen Dimension, der gesellschaftlichen ‚Bedingtheit', die der Sozialen Arbeit aufgetragen ist. Gleichwohl ist fachliches Handeln immer auch auf konkrete Ansatz- und Einhakpunkte angewiesen, gerade wenn eine Veränderung und Öffnung der Lebensverhältnisse angestrebt wird.

Oskar Negt und Alexander Kluge haben in ihren Überlegungen zu „Maßverhältnissen des Politischen" (1993) darauf hingewiesen, dass das Politische sich in zeit-räumlichen Verhältnissen entwickelt und ereignet, auch darauf bezieht. Dass es erkennbare Orte braucht, an denen es sich in ein Verhältnis setzen kann. Das gilt meines Erachtens auch für Soziale Arbeit in verändernder, ‚befreiender‘ Absicht. Die Frage nach den Orten und Zeiten Sozialer Arbeit führt mich eben zu genau dieser Figur des ‚gegenwärtigen Moments‘, denn dieser bildet die mögliche ‚offene Stelle‘, den Einsatz- und Einhakpunkt, den Moment des Gestaltbaren, von dem auch etwas aus- und hinausgehen kann, das ‚woanders hin‘ führt.

Eine Geschichte aus dem in Hamburg seit Jahren durchgeführten Projekt der Kinder- und Familien(hilfe)zentren (Langhanky u. a. 2004) liefert dafür ein anschauliches und beeindruckendes Beispiel: Sie erzählt von einem Gespräch mit einer ‚alleinerziehenden Mutter‘, also einer Frau, einer Person, die auch Mutter war, und davon, dass hier tatsächlich ernsthaft gefragt und zugehört wurde; und in der ernsthaften Auseinandersetzung mit ihr und ihrer konkreten Lebenssituation stellte sich heraus, dass sie einfach Entlastung brauchte, ab und zu ein wenig ‚freie Zeit‘, ein Stück Freiraum – für sich oder für andere Dinge, jenseits ihrer Aufgaben als Sorgende und Erziehende, und dafür eben auch eine Infrastruktur und personelle Unterstützung. Was ich an dieser Geschichte so bemerkenswert finde, ist, dass hier nicht der Blick vorherrscht: ‚Hier ist eine Mutter, und die funktioniert nicht so richtig‘, ‚sie verhält sich anders als eine Mutter sich verhalten sollte‘ oder ‚typisch Alleinerziehende – da kann man ja nichts anderes erwarten‘. Vielmehr hört man ihr tatsächlich zu: Was hat sie eigentlich zu sagen? Wie beschreibt sie selbst die Situation? Was ist eigentlich ihr eigenes Bedürfnis, was ist ihre Problembeschreibung, und was könnte tatsächlich helfen? Was könnte weiterführen, ihre Lebensverhältnisse öffnen, Erleichterung bringen – und damit vielleicht auch wieder Handlungsspielraum, die Erinnerung und Realisierung eigener Kompetenz?

Genau damit ist für mich ‚der gegenwärtige Moment als offene Stelle‘ im Spiel, denn hier ist ja genau dies passiert: Jemand hat sich in die Situation hineinbegeben, wahrgenommen, zugehört, zugelassen, dass etwas angesprochen wird, das vielleicht zunächst gar nicht so im Vordergrund des Frageinteresses stand – und von da aus lässt sich dann die Arbeit in gewisser Weise neu ausrichten.

Warum betone ich diesen – scheinbar so schlichten, für viele in der Sozialen Arbeit Tätigen scheinbar so ‚selbstverständlichen‘ – Vorgang? Weil er alles andere als ‚selbstverständlich‘ ist, zumindest in der alltäglichen Praxis vor Ort. Und ich bin an den Bedingungen für die Realisierung entsprechender Praktiken ebenso interessiert wie an den Bedingungen, die sie blockieren. Hier ergibt sich auch der Rückbezug auf das vorhin angesprochene „Grenz-Bewusstsein“ oder die „Bedingtheit“, von der bei Falck die Rede ist (zum Beispiel 1997, S. 64f.).

Zu den Schwierigkeiten (und zugleich unabdingbaren Voraussetzungen) eine offene und zuhörende Haltung einzunehmen, in dem Versuch ‚solidarisch professionell‘ zu handeln – vorausgesetzt wir richten uns an einer solchen Vorstellung überhaupt aus (was ebenfalls alles andere als selbstverständlich ist) – gehört, dass wir selbst auch als Personen in der Situation gegenwärtig sind. Wir haben dabei einen ‚Auftrag‘ (ein komplexes mehrfaches ‚Mandat‘), sind zugleich präsent mit eigenen Anliegen, Sicht- und Blickweisen, mit Urteilen und Vorurteilen, Einschätzungen und Analysen. Die Frage ist nun, wie der zwischenmenschliche (und zwischenleibliche) Kontakt in dieser Situation gestaltet werden kann, ohne dass alles, was wir ‚schon wissen‘ und ‚dabei haben‘ überhandnimmt und dann ein solcher Moment der Öffnung (allzu leicht) übersehen, überhört, übergangen wird.

Die mehrfach angesprochenen komplexen Dimensionen, die in der Sozialen Arbeit reflektiert und vermittelt werden müssen, haben letztlich immer mit ganz vielen kleinen, konkreten, ganz banal erscheinenden Fragen zu tun, die dann manchmal zu wenig gestellt – oder erinnert – werden und denen manchmal auch zu wenig nachgegangen wird (zum Beispiel die Fragen: Was ist ein guter Ort und eine gute Zeit, ein guter Raum für diese Begegnung? Wie setzen wir uns hin, wie setzen wir uns zueinander in Beziehung, was hilft, was ist schwierig, was ist zwiespältig? Und wie gehe ich ganz praktisch damit um?)

Wenn ich in diesem Gedankengang mit so vielen Fragen arbeite, dann deshalb, weil ich diese Fragen tatsächlich habe, weil sie mich umtreiben und sich mir immer wieder aufs Neue stellen. Diese Fragen sind für mich eine Herausforderung und zugleich hilfreich, denn sie machen mir klar, über was ich nachdenken sollte – was ich in meine Wahrnehmung einbeziehen sollte, wozu ich mir Wissen erarbeiten sollte, und wo es gute Analysen braucht. Sie zeigen mir manchmal auch, wen ich fragen kann und wem ich (genau/er) zuhören sollte.

Diese fragende Haltung ist vielleicht gerade heute eine besonders notwendige – auch widerständige, weil widerspenstige – Angelegenheit, denn sie trägt zur Verlangsamung, zur Verzögerung bei, wo alles möglichst ‚schnell‘ und ‚effektiv‘ vonstattengehen soll. Sie wirkt unbequem und unbefriedigend, wo rasche Antworten und klare Anhaltspunkte gesucht werden. Sie wirkt veruneindeutigend und damit auch verunsichernd.

Fragen wie: Was geschieht, wenn ich noch einmal ein, zwei Schritte zurückgehe – entdecke ich dann noch einmal eine andere Schicht der Wirklichkeit? Oder: Was sind legitime Ansprüche? Was können Menschen in der Gesellschaft eigentlich für sich beanspruchen? Wer darf welche Ansprüche erheben und wer nicht? Was bedeutet es, Mensch zu sein, Mit-Mensch zu sein – und wer ist überhaupt unser Mit-Mensch? Werden alle als Mitmenschen betrachtet? Wer gehört dazu und wer nicht? Diese Fragen müssen auch so konkret gestellt werden – und sie lassen sich mit der Beteuerung – „an den Menschenrechten orientiert zu sein" – nicht einfach erledigen.

Hans Falcks Denken war von der Erfahrung geprägt, nicht mehr als Mit-Mensch betrachtet und geachtet zu werden – eine tiefe Verletzung der Menschenwürde. Von da aus hat er seine Prinzipien Sozialer Arbeit formuliert und eine bestimmte professionelle Perspektive entwickelt. Sein gelebtes Leben hat er eingebracht in sein Denken und Handeln, und er nimmt es auch in den Adressat_innen Sozialer Arbeit wahr.

Mit der Betonung und Be-Achtung des ‚gegenwärtigen Moments' und der ‚Zwischen-Menschlichkeit' (auch als ‚Zwischen-Leiblichkeit') geht es mir darum, diese Dimension des gelebten Lebens zu würdigen, ernst zu nehmen, und sie als Ressource für das eigene Handeln ebenso wie für die Handlungsfähigkeit meiner Gegenüber in den Blick zu bekommen. Im ‚gegenwärtigen Moment' ist das ‚gelebte Leben' auch als ‚bisher gelebtes Leben' präsent – im Sinne einer mehr oder weniger erinnerbaren, erzählbaren Geschichte, eines Körper-Gedächtnisses, das in die zwischenmenschliche bzw. zwischenleibliche Situation und Kommunikation hineinwirkt. Darauf bezogen eine Wahrnehmung und ein Instrumentarium zu entwickeln, ohne das darauf bezogene Wissen zu instrumentalisieren, wäre meines Erachtens eine lohnende Aufgabenstellung auch für die Soziale Arbeit.

„Kontaktvolle Präsenz", wie ich sie weiter oben als ‚Gegenpol' zu „gesellschaftlichem Bewusstsein" ins Spiel gebracht habe, kann aus einer solchen Orientierung heraus noch vielschichtiger gestaltet werden. Und sie braucht das ebenfalls bereits angesprochene „Grenz-Bewusstsein", um im Kontakt die Grenzen zu achten und zu wahren. Zum „Grenz-Bewusstsein" gehört – nicht nur im Kontext Sozialer Arbeit – immer auch die Reflexion von Ungleichheit und Differenz. Wie können wir in einer Perspektive der Solidarität mit Ungleichheit und Verschiedenheit umgehen? Wie können wir die machtvollen Wirkungen von Ungleichheits- und Differenzverhältnissen als Herausforderung für unser Handeln (selbst-)kritisch aufnehmen (Kessl/ Maurer 2010)? Die Rede von „kontaktvoller Präsenz" soll darüber nicht hinwegtäuschen. Sie will vielmehr die Bedeutung der einzelnen Situation – gerade angesichts oft übermächtig wirkender Verhältnisse – ‚rehabilitieren' und rekonstruieren und damit auch die konkrete Praxis vor Ort, im einzelnen Moment ermutigen und inspirieren.

Diese ‚kleine soziale Situation', die konkrete einzelne Begegnung, scheint ‚Nichts' zu sein angesichts der großen globalen Transformationsprozesse, angesichts der gesamtgesellschaftlichen Veränderung – was können wir in einer so kleinen, momenthaften Situation eigentlich noch tun und erreichen? Warum soll diese Situation überhaupt noch von Interesse und Bedeutung sein? Ich greife an dieser Stelle noch einmal den Gedanken auf, dass Gesellschaft wie Geschichte von uns immer in einer gegenwärtigen, ‚kleinen' sozialen Situation erlebt werden, dass sie sich uns auf diese Weise vermitteln, sich so mit uns ins Verhältnis setzen – und wir uns mit ihnen. Wir nehmen die Welt vermittelt über diese Situationen wahr, wir handeln in diesen Situationen, und wir tun dies mit all unseren Sinnen und auch in unserer Leiblichkeit.

Die Makrodimension übersetzt sich sozusagen in die Mikrodimension. Das wird auch in Studien zum ‚sozialen Gedächtnis' (vgl. Welzer 2001) plastisch – wo die Erinnerung an ‚Krieg' sich mit einem bestimmten Geruch oder dem Erblicken eines bestimmten Hausflurs verbinden kann. Das individuell-subjektive Erleben/Leben von gesellschaftlichen Verhältnissen und historischen Prozessen, das von Autoren wie Siegfried Kracauer (1992), Clifford Geertz (2003) oder auch Utz Jeggle (vgl. Eisch/Hamm 2001) in dichten Beschreibungen wissenschaftlich-literarisch gefasst worden ist, und das heute in qualitativ ausgerichteten Forschungsprojekten etwa zu ‚Konversationen in der Agentur für Arbeit' rekonstruiert wird, bringt immer die einzelne Situation ins Spiel – die zugleich über sich hinausweist. Denn es geht dabei immer um das sehr konkrete Einzelne und gleichzeitig um den Gesamtzusammenhang. Die Verhältnisse vermitteln sich, wie gesagt, über die konkret erlebten Situationen.

Was bedeutet es nun, wenn wir diesen Zusammenhang tatsächlich aufgreifen, ihn ernst (genug) nehmen und (noch) stärker zum Bezugspunkt unserer Arbeit und unseres Denkens machen? Für mich heißt das, dass damit auch das Verletzliche, Fragile, das Riskierende oder Riskante darin stärker zum Thema wird. Die Gefühle, die Angst, die Nervosität, der Druck, den man vielleicht erlebt – und die alle dazu beitragen (können), es gerade *nicht* zu schaffen in der Situation wirklich ‚anwesend' zu sein, weil eine_n die Gedanken oder Empfindungen in die Vergangenheit oder in die Zukunft ‚entführen'. All das, was da geschieht, was sich vielleicht manchmal auch unangenehm anfühlt, weil es bedrängt, auch körperlich zu Spannungszuständen führt und sich nicht zuletzt energetisch bemerkbar macht, drängt dann stärker in den Bereich der Wahrnehmung, wenn wir den ‚gegenwärtigen Moment' nicht übergehen. Wir riskieren also etwas, wenn wir uns auf die Situation, den gegenwärtigen Moment (und seine offenen Fragen, seine öffnende Potenzialität) einlassen. Denn das, was uns im Allgemeinen Sicherheit gibt, klammern wir damit auch ein Stück weit aus.

Uns selbst riskieren wir, indem wir uns zum Teil der Situation machen und den Platz der ‚außenstehenden' Person verlassen – derjenigen, die ‚drüber' steht und die ‚damit' letztlich nichts zu tun hat, die das alles kontrollieren kann und auch weiß, was dabei ‚am Ende' herauskommt (kommen soll). All diese riskanten Aspekte tragen vielleicht dazu bei, dass diese Ebene der Situation und des gegenwärtigen Moments – vielleicht gerade auch in einem politisch-kritischen Denk- und Handlungszusammenhang – manchmal so wenig zur Geltung kommt. Demgegenüber stelle ich die Qualität heraus, die damit erfahrbar wird, und die sich vor allem auch mit den Aspekten des ‚Dazwischen‘, der Vermittlung, der Übersetzung oder der ‚Verhältnishaftigkeit‘ verbindet. Für mich stellen gerade diese Aspekte Optionen des Eingriffs, der Gestaltung und der Veränderung dar, mit denen die Beweglichkeit und Handlungsfähigkeit in den Verhältnissen erlebbar werden.

Im Kontext einer dialogischen Professionalität verbinden sich damit die Fragen danach, inwiefern sich eine gemeinsame, ko-produktive Praxis auch angesichts von Grenzen und Begrenztheiten entwickeln lässt, wie sie entstehen kann zwischen Fachkräften und Adressat_innen in der Sozialen Arbeit, vielleicht im Sinne eines ‚gemeinsamen Dritten‘ – als ein ‚gemeinsames Handeln‘, wenn auch aus unterschiedlicher Position(ierung) heraus, die dann auch nicht einfach ausgeblendet oder ‚verdeckt‘ wird. „Verlässliche Kooperation“ bestünde/entstünde dann vielleicht gerade daraus, dass hier diese Verschiedenheit gestaltet – und ausgehalten – wird, in einem gemeinsamen Moment, in einer geteilten Situation, die bereits einen ‚Wert‘ an sich darstellt, und die nicht nur als Vorbereitung oder Funktion für ein irgendwie geartetes oder definiertes Ziel, das ‚woanders‘ liegt, verstanden wird.

Ich hatte eingangs als schwierige Bedingung (und Bedingtheit) Sozialer Arbeit die mangelnde personelle, institutionelle und strukturelle Kontinuität angesprochen, den Mangel an sicheren und verfügbaren Ressourcen, und auch den Umstand angesprochen, dass Soziale Arbeit häufig indirekt und vermittelt arbeitet und wirkt, und die zwischen- oder mit-menschliche Begegnung im ‚gegenwärtigen Moment‘ nicht immer ‚der Fall‘ ist. Die Vorstellung „verlässlicher Kooperation“ ließe sich in meinem Verständnis durchaus auch auf diese indirekten Arbeitsmodi beziehen, indem „Verlässlichkeit“ geschaffen würde über die garantierte Zugänglichkeit von Ressourcen und Infrastrukturen bzw. die Vergesellschaftung von Gütern. Der Begriff „Kooperation“ allerdings erinnert uns an die Notwendigkeit eines direkteren Bezugs.

Der Gedankengang hat – nicht zuletzt ausgehend von dieser Frage nach „verlässlicher Kooperation“ – versucht, Momente der ‚Verlässlichkeit‘ auf andere Weise aufzuspüren und zu fassen – nämlich im Sinne einer Erlebbarkeit von Qualitäten, die eine Bedeutung im Sinne der Mit-Menschlichkeit haben. So gesehen wäre das Anliegen, „kontaktvolle Präsenz“ im „gegenwärtigen Moment“ zu verwirklichen, ein Versuch, die Vorstellungskraft davon zu stärken, wie sich „verlässliche Kooperation“ anfühlen kann, auch wenn diese Erfahrung sowohl zeitlich wie räumlich begrenzt erscheint. Wenn sich damit die Erfahrung von Resonanz und Integrität verbindet, so können diese ‚begrenzten Momente‘ eine nicht zu unterschätzende Wirkung entfalten. Denn: „…der Sozialarbeiter interveniert nicht in einem Fall, einer Gruppe oder einer Gemeinschaft. Er interveniert im Leben eines Menschen, der mit anderen Menschen zusammenlebt“ (Falck 1997, S. 129).

94

Literatur

Bernfeld, Siegfried (1921): Kinderheim Baumgarten. Bericht über einen ernsthaften Versuch mit neuer Erziehung. Berlin

Eisch, Katharina/Hamm, Marion (Hrsg.) (2001): Die Poesie des Feldes. Beiträge zur ethnographischen Kulturanalyse. Für Utz Jeggle zum 60. Geburtstag. Tübingen

Falck, Hans S. (1997): Membership. Eine Theorie der Sozialen Arbeit. Stuttgart

Geertz, Clifford (2003): Dichte Beschreibung. Beiträge zum Verstehen kultureller Systeme. Frankfurt/Main

Honegger, Claudia/Heintz, Bettina (Hrsg.) (1981): Listen der Ohnmacht. Zur Sozialgeschichte weiblicher Widerstandsformen. Frankfurt/Main

Kaiser, Erwin (2011): „… und was ist auf der anderen Seite?" In: Energie & Charakter, Sonderausgabe: „Etwas geht immer weiter …" – David Boadella. Eine Festschrift zum 80. Geburtstag. Bühler. S. 9–22

Kessl, Fabian/Maurer, Susanne (2010): Praktiken der Differenzierung als Praktiken der Grenzbearbeitung. Überlegungen zur Bestimmung sozialer Arbeit als Grenzbearbeiterin. In: Kessl, Fabian/Plößer, Melanie (Hrsg.): Differenzierung, Normalisierung, Andersheit. Soziale Arbeit als Arbeit mit den Anderen. Wiesbaden. S. 154–169

Kracauer, Siegfried (1992): Der verbotene Blick. Beobachtungen – Analysen – Kritik. Leipzig

Krause, Tim (2009): Grenzakte im ästhetischen Raum … Zur Relevanz von Augusto Boals politischer Theaterpädagogik heute. Unveröffentlichte Diplomarbeit, Universität Marburg

Kunstreich, Timm (2001): Grundkurs Soziale Arbeit. Bd. 2. Bielefeld

Kunstreich, Timm (2009): Anmerkungen zu einer dialogischen Sozialwissenschaft. In: Birgmeier, Bernd/Mührel, Eric (Hrsg.): Die Sozialarbeitswissenschaft und ihre Theorie(n). Wiesbaden 2009. S. 291–304

Langhanky, Michael (1993): Die Pädagogik des Janusz Korczak. Neuwied/Kriftel/Berlin

Langhanky, Michael/Frieß, Cornelia/Hußman, Marcus/Kunstreich, Timm (2004): Erfolgreich sozial-räumlich handeln. Die Evaluation der Hamburger Kinder- und Familienhilfezentren. Bielefeld

Macho, Thomas/Wunschel, Annette (Hrsg.)(2004): Science & Fiction: Über Gedankenexperimente in Wissenschaft, Philosophie und Literatur. Frankfurt/Main

Maurer, Susanne (2008): Soziale Phantasie – Zur (nicht nur) historischen Bedeutung Sozialer Bewegungen für die Soziale Arbeit. In: Gilde Soziale Arbeit Rundbrief 62, Heft 2/2008, S. 5–12

Maurer, Susanne (2013): Somatische und biografische Resonanzen – eine Chance zur Überbrückung von Ungleichheit und Differenz in der Beratungssituation? In: Schnoor, Heike (Hrsg.): Psychosoziale Beratung im Spannungsfeld von Gesellschaft, Institution, Profession und Individuum. Göttingen. S. 265–277

Maurer, Susanne/Täuber, Lars (2009): Körperbezogene Wahrnehmung. Zur Übersetzung neurowissenschaftlicher Erkenntnisse in die (sozial)pädagogische Praxis. In: Behnisch, Michael/Winkler, Michael (Hrsg.): Soziale Arbeit und Naturwissenschaft. Einflüsse, Diskurse, Perspektiven. München. S. 153–166

Negt, Oskar (1968): Soziologische Phantasie und exemplarisches Lernen. Zur Theorie der Arbeiterbildung. Frankfurt/Main

Negt, Oskar/Kluge Alexander (1993): Maßverhältnisse des Politischen: 15 Vorschläge zum Unterscheidungsvermögen. Frankfurt am Main

Nemitz, Rolf (1996): Kinder und Erwachsene. Zur Kritik pädagogischer Differenz. Hamburg/Berlin

Ortmann, Hedwig (1992): Den richtigen Ton treffen – Anbindungen an Pestalozzi. In: Buddrus, Volker (Hrsg): Die „verborgenen" Gefühle in der Pädagogik. Impulse und Beispiele aus der Humanistischen Pädagogik zur Wiederbelebung der Gefühle. Baltmannsweiler. S. 39–53

Stövesand, Sabine/Röh, Dieter (Hrsg.) (2015): Konflikte – theoretische und praktische Herausforderungen für die Soziale Arbeit. Opladen, Berlin, Toronto

Johannes Richter (2011): ‚Gute Kinder schlechter Eltern'. Familienleben, Jugendhilfe und Sorgerechtsentzug in Hamburg, 1884-1914. Wiesbaden

Marshall Rosenberg (2004): Konflikt lösen durch gewaltfreie Kommunikation. Ein Gespräch mit Gabriele Seils. Freiburg

Welzer, Harald (Hrsg.) (2001): Das soziale Gedächtnis. Geschichte, Erinnerung, Tradierung. Hamburg

Bettina Wuttig (2015): Das traumatisierte Subjekt. Geschlecht – Körper – Soziale Praxis. Eine gendertheoretische Begründung der Soma Studies. Bielefeld (i.E.)

Das Quartier als sozialer Raum von Partizipation

Zum Verhältnis von sozialem Raum und Membership[1]

Timm Kunstreich

Die Diskussion um sozialen Raum, konkreter um die sozialräumliche Orientierung in der Sozialen Arbeit, tendiert immer stärker in eine sozial-administrative Richtung. Dieses wird besonders deutlich in dem von Trägern und Wissenschaftlern geäußerten Verdacht, Sozialraumorientierung solle nur rechtliche Errungenschaften abbauen (vor allem den Rechtsanspruch auf Hilfe zur Erziehung) und zu einer verdeckten Sparvariante werden (vgl. die Beiträge in Neue Praxis 2012). Diese Diskussion ist schon fundierter im Handbuch Sozialraum geführt worden (Kessel/Reutlinger/Maurer/Frey 2005) und soll hier nicht wiederholt werden. Vielmehr möchte ich im Folgenden versuchen, im Anschluss an Pierre Bourdieu (1985) und Martina Löw (2001) den sozialen Raum als Raum von Relationen zu verstehen, der nicht von hegemonialen Institutionen und Organisationen her analysiert werden sollte, sondern aus der Perspektive der Akteure. Dazu werde ich versuchen, das Membership-Konzept von Hans Falck mit dem der Transversalität von Felix Guattari (1976) zu verbinden, um so einen Zugang zu kritischer empirischer Analyse zu gewinnen, der sozialen Raum immer auch als konfliktreichen und umstrittenen Raum versteht.

Maria aus Hamburg-Schnelsen berichtet:

> Das ist hier nicht Schnelsen, das ist hier Spanische Furt. Wir haben nichts mit Schnelsen zu tun. Silvester ist es bei uns ziemlich aufregend. Da bauen wir Scheiße, ganz klipp und klar. Das ist der einzige Tag, an dem wir etwas machen können. Das ist der einzige Tag, an dem sich ganz Schnelsen versammeln kann, jedenfalls die Jugendlichen. Wir stehen an der Bushaltestelle, die ganzen Gruppen, da ist zum Beispiel die ältere Gruppe – so von 17/18 bis Mitte 20 – dann die Jüngeren. Die Spanische Furt hat fünf Generationen. Da sind einmal die 35-Jährigen, dann

1   4. Hans-Falck-Vorlesung am 3. Dezember 2012 an der Evangelischen Hochschule für Soziale Arbeit und Diakonie Hamburg

sind das die 27-Jährigen, dann sind das die 23-Jährigen, dann sind das die 19-/20-Jährigen, und die Letzten sind wir – nach uns kommt keiner mehr. Die nach uns sind ziemlich gut erzogen worden. Die trauen sich nicht. Die haben keinen Mut, und deshalb sind wir die Letzten. Wir sind jetzt auch in einem Alter, wo wir uns sagen, was machen wir da für einen Scheiß und warum. Wir sind doch schon alt genug. An Silvester machen nur die letzten drei Generationen etwas. Das Besondere daran ist, dass sich bis auf die Ältesten alle Gruppen versammeln. Wir sind acht Geschwister und in jeder Gruppe ist einer von uns, aus unserer Familie. Bei allen fünf Generationen ist jemand, ich bin die Letzte, ich bin die Jüngste (Kunstreich 2012, S. 29).

Nur mit einiger Gewalt ließe sich dieser Bericht einer individualpsychologischen Interpretation unterziehen. Der Bericht lebt von gemeinsamer Aktion von Jugendlichen und jungen Erwachsenen, die sich verabreden, einmal im Jahr aus ihrem Alltag auszusteigen und gemeinsam etwas zu veranstalten, was keine und keiner allein tun kann, nämlich selbst mächtig zu werden. Macht hier mit Hannah Arendt verstanden als die Fähigkeit von Menschen, sich zusammenschließen und gemeinsam etwas Neues zu gestalten (1990). Vielmehr macht der Bericht deutlich, dass es die tatsächlichen Relationen sind, die Art und Weise, wie Menschen sich miteinander verbinden, die den sozialen Raum hervorbringen. Dieses Verständnis ist auch der empirische Ausgangs- und Bezugspunkt von Membership als Vorstellung einer relationalen Individualität, die sich nur dadurch als einzigartig und besonders erleben kann, indem sie Mitglied/Member in vielfältigen sozialen Gruppierungen ist. In jeder dieser Relationen ist das „Ich" des Membership ein anderes, vergleichbar den unterschiedlichen „Ich" in Martin Bubers Grundworten Ich-Es bzw. Ich-Du (Buber 2006, S. 7; vgl. Kunstreich 2009). Je nach Zugehörigkeit zu ihrem Ausbildungsplatz, zu ihrer Familie bzw. Geschwistern, zum Jugendklub oder zu der eigenen Clique konstituiert die jeweilige Relation ein jeweils unterschiedliches soziales „Ich". Deleuze spitzt diese Perspektive zu, wenn er formuliert, dass jedes Individuum eine Gruppe eigener Art ist (1976, S. 7). Dieser Ansatz verwirft alle Vorstellungen, „das Individuum als geschlossenes System anzusehen" (Falck 1997, S. 13). Die damit verbundene soziale Konfiguration habe ich in anderem Zusammenhang ausführlich als „Sozialität" entwickelt (Kunstreich 2014a, S. 8ff.). „Dauerhaftes Verbundensein und bedingter Zugang" (Falck 1997, S. 23) kennzeichnen Sozialitäten ebenso wie eine „Pädagogik des Sozialen", in der Bildungsprozesse im Vordergrund stehen, die ohne Vermittler auskommen, sondern sich direkt im „Handgemenge des Alltags" (zum Beispiel eines Silvesterabends) realisieren.

Nur wenige Sozialitäten dauern ein ganzes Leben lang. Im Gegenteil, die meisten sind auf biografische Phasen, räumliche Zusammenhänge (Ausbildung, Studium, Betriebszugehörigkeit) und kulturelle sowie politische Interessen beschränkt. Ändern sich Räume, Zeiten und Interessen, ändern sich die Sozialitäten entsprechend. Sozialitäten existieren also nur in den sie realisierenden Aktivitäten. So nehmen nicht mehr alle Sozialitäten in Schnelsen an der „Silvesterfeier" teil, sondern nur noch die, die sich das trauen (auch wenn sie eigentlich schon zu erwachsen sind). Die dazugehörigen „kleinen Narrative" markieren die Besonderheit der eigenen Sozialität und damit auch die Abgrenzung zu anderen. Und: Sozialitäten sind immer transversal, das heißt, sie bilden sich wie diese Cliquen quer zu hegemonialen Institutionen von Familie, Schule, Betrieb, Partei usw. (Weigand/Hess/Prein 1988, S. 251; Guattari 1976). Akteure sind aber auch auf formelle Mitgliedschaften bzw. Teilhabemöglichkeiten in Institutionen angewiesen – nicht nur wegen der Notwendigkeit der Re-Produktion, sondern auch, weil sich hier die wahrscheinlichste Chance der Kontaktaufnahme ergibt, das heißt der Aufnahme von Mitgliedschaften in neuen Sozialitäten. Entsprechend unterschiedlich ist die Qualität von Mitgliedschaften. Falck unterscheidet daher je nach Erleben der Zugehörigkeit positives, negatives und zweideutiges Membership. „Positives Membership befriedigt. […] Im kreativen und positiven Membership gibt das Zugehörigkeitsgefühl dem Member Sicherheit, weil er weiß, dass sein Verhalten anderen wichtig ist" (Falck 1997, S. 32). In diesem Sinne positiv erlebt sich Maria in ihre Clique; in der Schule hingegen und in den diversen Praktikumsstellen, in denen sich Maria durchschlagen musste, hat sie andere, zum Teil sogar konträre Erfahrungen gemacht. „Auch negatives Membership drückt etwas über die Eigenschaften menschlicher Beziehungen aus. Besonders das Gefühl von Entfremdung oder Fremdheit trennt die Tatsache des Membership von der Wahrnehmung des Membership […]. Sie fühlen sich abgetrennt und vertrauen den sozialen Strukturen nicht mehr, die sie als unfair einschätzen. Infolgedessen handeln sie nach dem Prinzip, dass niemand ihnen gegenüber verantwortlich ist, und dass sie auch niemanden gegenüber verantwortlich sind" (Falck 1997, S. 33). Etwas davon kommt in der Randale zu Silvester zum Vorschein – Selbstmächtigkeit als Gegenpol zu erfahrener Ungerechtigkeit in abhängigen Positionen. Maria hatte inzwischen eine Ausbildungsstelle zur Altenpflegerin bekommen, in der sie die meisten alten Menschen „toll" fand und einige Kolleginnen bzw. Vorgesetzte als „ätzend". „Zweideutiges Membership besteht aus einer Mischung von Eigenschaften […]. Millionen von Alleinerziehenden wünschen sich ein stressfreieres, einfacheres Leben, doch sie sind in der Lage, Kinder zu erziehen und den Anforderungen des täglichen Lebens erfolgreich zu entsprechen" (Falck 1997, S. 34).

Die unterschiedlichen Querverbindungen, Verschachtelungen, Berührungspunkte und Konflikte in und zwischen Mitgliedschaften in Sozialitäten nennt Guattari die „Koeffizienten der Transversalität" (1976, S. 48), die sich entweder in Richtung einer „Subjektgruppe" (positives Membership) entwickeln oder in die einer „unterworfenen Gruppe" bzw. „Objektgruppe" (negatives Membership). Dabei ist Gruppe nicht als feste Größe oder soziale Schließung zu verstehen, sondern als Sozialität und damit als Synonym für spezifische und konkrete soziale Beziehungen (Weigand/Hess/Prein 1988, S. 246). Beide „Formatierungen" gibt es je nach Situation in jeder Sozialität; sie bilden jeweils einen Pol, zwischen denen unterschiedlich erlebte Mitgliedschaften oszillieren. „Die Subjektgruppe bemüht sich, Einfluss auf ihr Verhalten zu nehmen, sie versucht, ihr Objekt zu erhellen, und setzt bei dieser Gelegenheit die Mittel für eine solche Aufklärung frei (wie die jugendlichen Sozialitäten in der Silvesternacht, T.K.) [...]. Die unterworfene Gruppe verfügt über eine solche Perspektive nicht: Sie erleidet ihre Hierarchisierung im Zuge ihrer Anpassung an andere Gruppen. Von der Subjektgruppe könnte man sagen, dass sie etwas *ausdrückt*, während für die unterworfene Gruppe gilt, dass ‚ihre Botschaft gehört wird' – gehört, ja, man weiß allerdings nicht wo, noch von wem, in einer unbestimmten seriellen Kette" (Guattari 1976, S. 43 f., Hervorhebung i.O.). In ihren Aktivitäten jenseits des Silvesterabends werden die Mitglieder dieser Subjektgruppen mit hoher Wahrscheinlichkeit zu solchen in unterworfenen bzw. Objekt-Gruppen. Dieses Verständnis von Subjektivität („neue Subjektivität, eine Gruppensubjektivität" nennt sie Deleuze 1976, S. 7) fragt also nicht nach dem „identitären Kern", sondern die „Aufwertung der Subjektivität" (Lefebvre 1978) hebt die unterschiedliche Vielfalt von Subjektivität hervor, je nachdem, in welchem Kontext die Interaktionen realisiert werden. Gerade dadurch gewinnt der Silvesterabend seine besondere Bedeutung.

> So gegen 23:00 Uhr sind wir alle versammelt an der Bushaltestelle an der Spanischen Furt, machen die Wege kaputt, und anderes. Ganz berühmt ist das, was wir mit den Mülltonnen machen, dass wir sie anstecken. Die (Leute von der Hausverwaltung) schütten da zwar eimerweise Wasser rein, aber bislang haben wir die Container immer zum Brennen gekriegt. Da sind dann auch immer ganz viele Deutsche dabei, die auch älter sind, und die Alkohol trinken. Die machen dann auch mit, da gehen dann auch Flaschen zu Bruch usw. Das ist der einzige Tag, an dem wir uns frei fühlen. Wir sind dann so ein Haufen, da kann auch die Polizei nichts machen. Und das ist ein gutes Gefühl. Wenn da einer Stress bekommt, greifen wir alle ein und zwar die ganze Spanische Furt. Und es sind ja auch Leute, die haben alle etwas zu tun, die sind in der Ausbildung oder haben eine Ausbildung gemacht. Das ist der einzige Tag, an dem wir richtig die Sau raus lassen können (Kunstreich 2012, S. 29).

Diese Darstellung präzisiert die Art und Weise, wie die beiden Pole positives Membership/„Subjektgruppe" und negatives Membership/„Objektgruppe" miteinander in Beziehung bzw. im Konflikt stehen und auf diese Weise das „zweideutiges Membership" bilden. Guattari setzt dazu Vertikalität und Horizontalität in ein spezifisches Verhältnis. So gelingt es, zum Beispiel das Gefühl der Freiheit und der widerständigen Aktivität in Marias Bericht nicht „in der verdummenden Mythologie des ‚Wir' [...] verschwinden (zu lassen)" (Guattari 1976, S. 53). Vielmehr definiert sich Transversalität als Gegensatz zu einem bestimmten Verständnis von Vertikalität und Horizontalität,

- „einer Vertikalität, wie man sie etwa im Schaubild der Struktur einer Pyramide [...] findet (hier also die Ordnungskräfte von Polizei, Feuerwehr und Hausverwaltung, die für die jugendlichen Sozialitäten die sie unterdrückende herrschaftliche Ordnung symbolisieren, T.K.);
- einer Horizontalität, [...] wo die Leute sich, so gut sie können, mit der Situation arrangieren, in der sie sich befinden (hier also das planlos-geplante Zusammenkommen unterschiedlicher Sozialitäten zu Silvester, T.K.)" (a.a.O. S. 48).

Was in einer Situation als vertikal/negativ, was als horizontal/positiv gilt, entscheiden die subjektiven Erlebensweisen der an der Situation Beteiligten bzw. die Art und Weise, wie diese darüber (auch mit Dritten, zum Beispiel Forscher_innen) kommunizieren. Dabei wird sowohl ein vertikaler Funktionalismus oder Strukturalismus (also die Überbewertung von Institutionen und Organisationen) als auch ein naiver horizontaler Interaktionismus abgelehnt, der Strukturen auflöst. „Die Transversalität soll beide Sackgassen überwinden: die der reinen Vertikalität und die der einfachen Horizontalität. Ihrer Tendenz nach verwirklicht sie sich dann, wenn maximale Kommunikation zwischen den verschiedenen Ebenen und vor allem in verschiedenen Richtungen vor sich geht" (a.a.O. S. 49). Was maximale Kommunikation bedeuten kann, macht Maria am Beispiel „Respekt" deutlich. In dessen Bedeutung zeigt sich exemplarisch ein derartiges zweideutiges Membership als von Vertikalität gerahmte Horizontalität, wie Maria in ihrem Bericht deutlich macht:

Was sonst noch gut in Schnelsen ist, dass jeder jeden kennt, Schnelsen ist ein Dorf. Jeder kennt sich, und es ist respektlos, wenn man ohne Hallo zu sagen, aneinander vorbeigeht. Das ist das Schlimmste bei uns, das macht man nicht. Wenn da eine Gruppe steht und ich einfach so vorbei gehe, ohne Hallo zu sagen, dann ist es respektlos. Das bringt man auch jedem bei, der hierher zieht (Kunstreich 2012, S. 29).

Im Austarieren von Horizontalität und Vertikalität müssen die Akteure diese in ihrer Ambivalenz nicht nur ertragen, sondern als „zweideutiges Membership" auch in irgendeiner Weise als „Bildung des Sozialen" (Kunstreich/

May 1999) aktiv gestalten. Diese Verquickung wird noch deutlicher, versucht man, die in diesen Verstrickungen enthaltenen „manifesten Inhalte" von ihren „latenten" zu unterscheiden und zu dechiffrieren. Auf der manifesten Ebene geht es in dem Beispiel ganz offensichtlich um „Spaß haben/Brandstiftung/Störung der öffentlichen Ordnung" (je nach vertikaler Perspektive), auf der latenten um Anerkennung und Entwertung, um Zuneigung, Macht und Gewalt, um Angst und Isolation. „Diese latente Instanz wollen wir als Gruppenwunsch definieren [...] die Gruppenphantasie ist ihrem Wesen nach symbolisch, gleichgültig, welche Bilderfabriken sie im Schlepptau hat" (Guattari 1976, S. 44f.). Hier geht es offensichtlich um Bilderfabriken der „guten/richtigen Jugendlichen", der „Freiheit" oder der „Anständigkeit" als einer „Bildung am Sozialen" (Kunstreich/May 1999).

Diese dialektischen Verschränkungen lassen sich als „Koeffizienten der Transversalität" in Marias Geschichte gut rekonstruieren. Jugendliche Sozialitäten erfahren ihren Alltag eher als Objektgruppe, als „vertikal" strukturiert und dominiert und damit als negatives Membership: In Schule, Ausbildung oder Betrieb und häufig auch in der Familie sind die manifesten Themen mit Unterordnung, Anpassung und Zwängen verbunden, nicht selten auch mit Gewalterfahrung. In diesen sozialen Feldern gehen die latent gehaltenen Gruppenwünsche in die horizontalen, kooperativen Praxen der Subjektgruppen über, und damit also in positives Membership. Nur an bestimmten Orten (zum Beispiel in der Jugendberatung oder zeitweise auch im Jugendklub) oder zu bestimmten Zeiten – wie zu Silvester – können diese Wünsche manifest und situativ realisiert werden. Die Komplementarität von objektiven Bedingungen und subjektivem Aneignen muss als Oszillieren zwischen Subjekt- und Objektgruppen von den handelnden Sozialitäten immer wieder neu hergestellt, verändert oder bewahrt werden. Dabei handeln alle Akteure unter rechtlichen, ökonomischen und politischen Bedingungen, die sie zwar nicht gemacht haben, an deren Erhalt oder Modifizierung sie aber aktiv beteiligt sind. Schon diese Skizzierung macht deutlich, wie schwierig und komplex es ist, die jeweiligen subjektiven Gruppenwünsche zu rekonstruieren und dabei die latenten und manifesten Inhalte zu dechiffrieren.

Transversale Relationsmuster

Eine derartige Kodierung unterschiedlicher Formen und Inhalte von Mitgliedschaften in Sozialitäten kann hier nur ansatzweise geleistet werden. Im Folgenden soll exemplarisch eine Dekodierung aus der Perspektive von „Wirkungsforschung" in zwei Hamburger Quartieren versucht werden (Kunstreich 2012). Dabei geht es darum, *wie* sich die Komplementarität zwischen positivem und negativem Membership in transversalen Relationsmustern realisiert. Derartige Muster operationalisieren die Frage, wie Adressat_innen der Sozialen Arbeit die Angebote, Maßnahmen und Interventionen der Professionellen erleben, bewerten und in ihre Lebenswelt integrieren (Hußmann 2011, S. 509 ff.). Bei den beiden Quartiersanalysen gehen wir von drei Hypothesen aus, die wir aus dem Stand der Forschung heraus entwickelt haben (Albus u. a. 2010, S. 165), die zugleich Dimensionen von „Wirkung" sind:

> „(I) Nutzerinnen und Nutzer nehmen Angebote der sozialen Infrastruktur nur dann an, wenn sie sie in ihre Lebenswelt integrieren können.
> (II) Ein Angebot wird nur dann als nützlich erlebt, wenn es Partizipation im Sinne von Teilhabe und Teilnahme/Beteiligung ermöglicht.
> (III) Diejenigen Angebote und Maßnahmen einer sozialen Infrastruktur eines Stadtteils werden als offen und Vertrauen erweckend erlebt, bei denen sich die NutzerInnen mit allen ihren Anliegen angenommen erleben und als Person anerkannt" (Kunstreich 2012, S. 5 f.).

Die unterschiedlichen Beziehungen zwischen diesen drei Dimensionen stellen sich in Form von sechs Relationsmustern wie folgt dar (a. a. O., S. 8). Auf der Basis der von Marcus Hußmann (2011) herausgearbeiteten Relationsmuster, mit denen ausgeschlossene Jugendliche ihre Erfahrungen (und deren Verarbeitung) mit Fachkräften und Einrichtungen der Sozialen Arbeit markieren, habe ich zwei weitere Relationsmuster in der Quartiersuntersuchung herausgefunden: institutionelle Verbindlichkeit und lebensweltliche Verlässlichkeit.

	Lebenswelt	Partizipation	Vertrauen
Serielle Selbstbezogenheit	– –	– –	– –
Fortschreitende Schließung	– +	– +	– –
Institutionelle Verbindlichkeit	d –	d –	d –
Lebensweltliche Verlässlichkeit	e +	e +	e +
Bestätigende Öffnung	+ –	+ –	+ +
Gemeinsame Aufgabenbewältigung	+ +	+ +	+ +

(d = defensiv; e = expansiv)

Die entsprechende Verteilung von Situationen in beiden Stadtteilen, die diese sechs Relationsmuster empirisch realisieren, verdeutlicht die folgende Übersicht.

Relationsmuster nach Quartieren

	Lenzsiedlung		Schnelsen-Süd		Summe	
	abs.	%	abs.	%	abs.	%
(1) Serielle Selbstbezogenheit	14	9,0	13	8,5	27	8,7
(2) Fortschrittliche Schließung	13	8,3	9	5,9	22	7,1
(3) Institutionelle Verbindlichkeit	50	32,1	65	42,5	115	37,2
(4) Lebensweltorientierte Verlässlichkeit	27	17,3	21	13,7	48	15,5
(5) Bestätigende Öffnung	35	22,4	24	15,7	59	19,1
(6) Gemeinsame Aufgabenbewältigung	17	10,9	21	13,7	38	12,3
Summe	156	100,0	153	100,0	309	100,0

Diese sechs Relationsmuster konnten wir in 309 Berichten und Situationsschilderungen finden: von der *seriellen Selbstbezogenheit* und *fortschreitenden Schließung* über die *institutionelle Verbindlichkeit* und *lebensweltliche Verlässlichkeit* bis hin zur *bestätigenden Öffnung* und *gemeinsamen Aufgabenbewältigung*. Auch wenn damit in erster Linie die Handlungssituationen im Vordergrund stehen, macht gerade Marias Geschichte deutlich, dass die konkrete Ausprägung eines Relationsmusters natürlich auch davon abhängig ist, wie eine Person gelernt hat, mit problematischen Situationen umzugehen.

Defensive und expansive Lernhaltungen

Derartige Muster werden biografisch angeeignet, das heißt gelernt. Sie strukturieren die Praxis transversaler Bildungsprozesse und das damit verbundene positive und negative Membership. Lernhandlungen in diesem Sinne werden immer dann erforderlich, wenn Routinen infrage gestellt werden und problematisch gewordene Aspekte des Alltagslebens die Frage aufwerfen, wie es denn weitergehen solle. „Der Standpunkt des Subjekts ist demnach jener interessengeleitete Ort, von dem aus die Handlungsprämissen und subjektiven Gründe verstehbar werden, mit welchen sich der Handelnde auf den gesellschaftlichen Möglichkeitsraum bezieht" (Ludwig 2004, S. 6). Die Beziehungen zu den Inhalten und den Objekten dieses Möglichkeitsraumes sind immer subjektiv sinnhaft, das heißt, dass die Handelnden das, was in einer Situation passiert, zu sich bzw. zu ihren Intentionen in Beziehung setzen.

Bei derartigen Lernprozessen unterscheidet die Kritische Psychologie zwei *Lernhaltungen*, die *defensive* und die *expansive* Lernhaltung. Die defensive hat „gute Gründe, nicht zu lernen bzw. andere Gründe, dem Lehrdiktat zu folgen" (Ludwig 2004, S. 9), bzw. Zumutungen abzuwehren oder zu unterlaufen. Das kann im hier diskutierten Zusammenhang von der „Einsicht" reichen, bei drohender Arbeitslosigkeit die ARGE aufzusuchen, bis hin zum resignativ akzeptierten Kontakt zur Familienhilfe. Defensive Lernhaltungen lassen sich also als eine Praxis negativen Memberships verstehen.

Expansives Lernen findet dort statt, wo „ich im Fortgang des Lernprozesses in einer Weise Aufschluss über reale Bedeutungszusammenhänge gewinnen und damit Handlungsmöglichkeiten erreichen kann, durch welche gleichzeitig eine Entfaltung meiner subjektiven Lebensqualität zu erwarten ist" (Holzkamp 1993, S. 190). Derartige Lernhandlungen beschreiben zum Beispiel die Frauen in beiden Quartieren, die von Nutzerinnen zu Mitgestalterinnen der sozialen Infrastruktur werden, indem sie Dolmetscherinnen werden. Expansive Lernhaltungen realisieren also positives Membership.

Da die Sinnhaftigkeit dieser Lernhaltungen von dem wahrgenommenen Möglichkeitsraum abhängt, verfügt jeder Mensch über die Fähigkeit zu beiden Haltungen. Dass für die „Wahl" der jeweiligen Lernhaltung der sozialitäre Kontext entscheidend ist, zeigt der „Silvesterabend": Expansives Lernen macht nur gemeinsam Spaß – als positives Membership, defensives Lernen hingegen verstärkt häufig individuelles Sich-abfinden – und damit negatives Membership.

Vor diesem Hintergrund lassen sich die Relationsmuster der *fortschreitenden Schließung* und der *seriellen Selbstbezogenheit* als sich verschärfende Konsequenzen einer *institutionellen Verbindlichkeit* verstehen, die aufseiten der Nutzer_innen eine defensive Lernhaltung aktiviert und damit das Erleben als negatives Membership, während die *lebensweltliche Verlässlichkeit* in der *bestätigenden Öffnung* und der *gemeinsamen Aufgabenbewältigung* eine neue Qualität findet und als positives Membership eine expansive Lernhaltung fördert. In Bezug auf die unterschiedlichen Ausprägungen von Transversalität fällt auf, dass es hier je nach Eingriffsintensität unterschiedliche Verhältnisse zu Horizontalität und Vertikalität gibt. So werden die belastenden Erfahrungen der *seriellen Selbstbezogenheit* und der *fortschreitenden Schließung* als Praxis von Vertikalität vor allem mit eher eingriffsberechtigten und reglementierenden Einrichtungen außerhalb des Stadtteils gemacht, während die motivierende Erfahrung der *bestätigenden Öffnung* und der *gemeinsamen Aufgabenbewältigung* als Praxis von Horizontalität ganz überwiegend mit den Angeboten im Quartier gemacht werden.

Dieses Oszillieren zwischen den Polen von Horizontalität und Vertikalität, zwischen positivem und negativem Membership wird dann zu einer besonderen, konträren Relationserfahrung und damit zu einem zweideutigen Membership, wenn sie als Diskrepanz in derselben Konflikt beladenen Situation erlebt wird. Hier können das Erleben der *seriellen Selbstbezogenheit* und der *gemeinsamen Aufgabenbewältigung* direkt aufeinanderprallen, wie es Frau L. aus Schnelsen-Süd berichtet:

Ich habe zwei Familienhelfer. Die tun nichts, die haben mich in den letzten zwei Monaten nur 'rum gescheucht [...]. Die haben mir immer gesagt, machen Sie dieses, machen Sie jenes. Eigentlich sollen Familienhelfer unterstützen, helfen und auch raten und auch loben. Aber das tun sie nicht, sie kritisieren, sie beleidigen, sie terrorisieren [...].

Und da habe ich mich an U. (vom Kinder-und Familienzentrum/KiFaZ) gewendet und habe gesagt, ich habe so viele Probleme. Sie hat mir jetzt eine Haushaltshilfe besorgt, erst mal für zwei Wochen, und sie kommt dreimal in der Woche. Und die hilft mir. Meine Familienhelfer versuchen seit zwei Monaten, eine Haushaltshilfe für mich zu bekommen und kriegen das bis jetzt nicht hin. Bei U. habe ich vorgestern Bescheid gesagt und gestern ist schon jemand gekommen. Und das ist super. U. hat gleich reagiert (Kunstreich 2012, S. 31).

Lebensweltliche Integration der Angebote, expansive Partizipation und personales Vertrauen realisieren positives Membership als sozialräumliches Handeln und lassen sich als Fundament dessen betrachten, was „Orte der verlässlichen Begegnung" genannt werden kann und was die Redaktion der Zeitschrift Forum wie folgt umschreibt:

„Ein wesentliches Qualitätsmerkmal sozialräumlicher Jugendhilfe sind offene Orte, die sowohl einladend und für die NutzerInnen geeignet sind, sich dort auszutauschen und voneinander zu lernen, als auch um dort alltagsbezogene Beratung, Entlastung und Unterstützung durch Professionelle in jeweils bedarfsgerechter Form in Anspruch nehmen zu können. Die besondere Wirksamkeit der sozialräumliche Entsäulung liegt in der direkten Verknüpfung stärkender, aktivierender und ermutigender ‚Orte der verlässlichen Begegnung' mit alltagsunterstützenden flexibel einzusetzenden Hilfsangeboten mit jeweils angepasster Intensität" (2011, S. 12).

Literatur

Albus, Stefanie/Greschke, Heike/Klingler, Birte/Messmer, Heinz/Micheel, Heinz-Günter/Otto, Hans-Uwe/Polutta, Andreas (2010): Wirkungsorientierte Jugendhilfe. Abschlussbericht der Evaluation des Bundesmodellprogramms „Qualifizierung der Hilfen zur Erziehung durch wirkungsorientierte Ausgestaltung der Leistungs-, Entgelt-und Qualitätsvereinbarungen nach §§ 78a ff SGB VIII". Münster
Arendt, Hannah (1990): Macht und Gewalt. München
Bourdieu, Pierre (1985): Sozialer Raum und Klassen. Frankfurt/M.
Buber, Martin (2006): Das dialogische Prinzip. 10. Auflage. Gütersloh
Deleuze, Gilles (1976): Drei Gruppenprobleme. Vorwort. In: Guattari, Felix: Psychotherapie, Politik und die Aufgaben der institutionellen Analyse. Frankfurt/M. S. 7–22
Falck, Hans (1997): Membership. Eine Theorie der Sozialen Arbeit. Stuttgart
Guattari, Felix (1976): Psychotherapie, Politik und die Aufgaben der institutionellen Analyse. Frankfurt/M.

Hußmann, Marcus (2011): „Besondere Problemfälle" Sozialer Arbeit in der Reflexion von Hilfeadressaten aus jugendlichen Straßenszenen in Hamburg. Eine qualitative Studie unter besonderer Berücksichtigung der Membership-Theorie nach Hans Falck. Münster

Kessl, Fabian/Reutlinger, Christian/Maurer, Susanne/Frey, Oliver (Hrsg.) (2005): Handbuch Sozialraum. Wiesbaden

Kunstreich, Timm (2014): Grundkurs Soziale Arbeit. Sieben Blicke auf Geschichte und Gegenwart Sozialer Arbeit. 5. Auflage.
Bd.1:https://www.ssoar.info/ssoar/handle/document/36958,
Bd. 2: https://www.ssoar.info/ssoar/handle/document/36957

Kunstreich, Timm (2012): Nutzung der sozialen Infrastruktur – eine exemplarische Untersuchung in zwei Hamburger Stadtteilen (Lenzsiedlung und Schnelsen-Süd). Hamburg (Jugendamt Eimsbüttel, Region 2)

Kunstreich, Timm (2009): Anmerkungen zu einer dialogischen Sozialwissenschaft. In: Birgmeier, Bernd/Mührel, Eric (Hrsg.): Die Sozialarbeitswissenschaft und ihre Theorie(n). Positionen, Kontroversen, Perspektiven. Wiesbaden. S. 291–303

Kunstreich, Timm/May, Michael (1999): Soziale Arbeit als Bildung des Sozialen und Bildung am Sozialen. In: Widersprüche. Zeitschrift für sozialistische Politik im Bildungs-, Gesundheits- und Sozialbereich 19. Jg., Heft 73, S. 35–52

Lefebvre, Henry (1978): Einführung in die Modernität. Frankfurt/M.

Löw, Martina (2001): Raumsoziologie. Frankfurt/M.

Ludwig, Joachim, 2004: Bildung und expansives Lernen. Postprint der Universität Potsdam. Humanwissenschaftliche Reihe (rev. 1.3.2012)

Redaktion Forum (2011): (einführender Beitrag). FORUM für Kinder- und Jugendarbeit 27. Jg., Heft 4, S.10–12

Weigand, Gabriele/Hess, Remi/Prein, Gerald (Hrsg.) (1988): Institutionelle Analyse. Theorie und Praxis. Frankfurt/M

Die rabbinischen Wurzeln im Prozess der Professionalisierung Sozialer Arbeit und im Lebenswerk von Hans Falck

Susanne Zeller

Einleitung

In der 1996 von Hans Falck gehaltenen Antrittsvorlesung am Forschungsinstitut für Geistes- und Sozialwissenschaften der Universität/Gesamthochschule Siegen wird die Verwurzelung dieses 1939 aus Deutschland vertriebenen jungen Mannes, Flüchtlings, Sozialarbeiters und Wissenschaftlers zu den religiösen Wurzeln seiner jüdischen Herkunft einmal mehr deutlich. Er wählte in Bezug auf die Ausübung unseres Berufs Formulierungen, die vom *Herzen* sprechen, von *menschlicher Sympathie mit den Leidenden,* dem *wunderbaren menschlichen Talent, nicht nur Daten, sondern auch Ideen und Erfahrung* miteinander verknüpfen zu können. Wir finden in seinen Publikationen und Reden als einen der Kernbegriffe der Sozialen Arbeit das Individuum, die Notwendigkeit sozialarbeiterischen Fachwissens über *den Menschen als Member,* die *Zugehörigkeit als Lebensnotwendigkeit* und das *Teilen lernen* in den Mittelpunkt gestellt. Diese Prinzipien sind anthropologische Prämissen für den spezifisch Falck'schen *Membership,* oder Zugehörigkeit-Theorieansatzes unter den Voraussetzungen gesellschaftlicher (Verteilungs-)Gerechtigkeit. Danach war der *Hilfeempfänger immer mehr als Individuum anstatt zum Beispiel als Klasse oder als eine Kategorie von Menschen zu verstehen.* Dies erinnert an die Mahnung in der hebräischen Bibel:

> Du sollst dein Herz nicht verhärten und deine Hand nicht zuhalten gegenüber deinem armen Bruder. [...] Sondern du sollst ihm geben, und dein Herz soll sich´s nicht verdrießen lassen. [...] Denn (S.Z.) es werden allezeit Arme sein im Lande; darum gebiete ich dir und sage, daß du deine Hand auftust deinem Bruder, der bedrängt und arm ist [...] (5. Buch Mose 15: 7 u. 10: 11).

Falck stützte sich mitunter auch direkt auf rabbinische Gelehrte, um die Verbindung zwischen seinem *Membership*-Ansatz und dem Judentum zu verdeutlichen. Ihm war als Jude bewusst, dass vor etwa 3000 Jahren ein besonderer *Bund mit dem jüdischen Volk* und nicht nur mit einzelnen herausgehobenen Individuen geknüpft worden war. Dieser Bund hatte entscheidende Auswirkungen auf die Weitergabe aller wichtigen Traditionen an die nachfolgenden jüdischen Generationen. Und dies führte dazu, dass die zentralen Institutionen des Judentums – Familie, Gemeinschaft/Gemeinde (hebr.: *Kehilla*) und Erziehung – seitdem grundlegend für die Existenz des jüdischen Volkes geworden sind. Hierin wurzelt seine *Membership-Theory*, bzw. Zugehörigkeitskonzept. Er machte seinen Zuhörern und Lesern klar, dass vor dem Hintergrund einer religionsphilosophisch jüdischen Definition von Individuum, gemeint in seiner Gottesebenbildlichkeit, der Individuumsbegriff bereits *lange vor der europäischen Aufklärung tief im Gewebe der jüdisch-christlichen Tradition verwurzelt* war. Er problematisierte in diesem Kontext auch die beiden sprachlich verwandten Begriffe *Individualisierung* und *Individualismus in der amerikanischen Sozialen Arbeit*. Mit der *Membership-Theory* widersprach Falck den Prinzipien der Individualismustheorien kategorisch.

Hans Falck ging es auch darum, aufzuzeigen, wie staatliche Macht, Willkür und kapitalistische Wirtschaftsstrukturen individuelles Leid und damit soziale Problemlagen wesentlich mit verursachen und die *Unteilbarkeit* und *Einzigartigkeit des Individuums* mit dem Recht auf *Selbstbestimmung* und *Unversehrtheit* mit Füßen getreten werden. Hier werden wir aus den Prophetenbüchern an Amos erinnert, der ausschweifende Kult- und Opferzeremonien und vor allem den Machtmissbrauch der Herrschenden angeprangert und ihnen entgegen gehalten hat, *das Recht ströme wie Wasser, (...) [und, S. Z.] die Gerechtigkeit wie ein nie versiegender Bach* (Amos 5: 24). Der Gerechtigkeitsaspekt ist auch in den täglichen Gebetszyklen in den Synagogen zentral und musste Hans Falck vertraut gewesen sein, indem beispielsweise im sog. *Achtzehnbitten Gebet* (hebr. Amida) Gott jeden Tag darum gebeten wird: *Deine Gerechtigkeit und dein Erbarmen mögen uns stets begleiten.*

Die Terminologie von Falck erinnert immer wieder an biblisch-talmudische Sozialtraditionen und Diskurse, wenn er von Menschenrechten, Scham, Pflicht, sozialer Verantwortung, Lebensschutz, Armen, Witwen, Waisen, Gebenden, Gemeinschaft, Leben und Überleben spricht. Denn ihm war ebenso vertraut, dass es nach der jüdischen Gerechtigkeits- und Verpflichtungsethik eine gemeinschaftliche Pflicht war, die Fremden, Waisen und Witwen zu versorgen (vgl. 5. Buch Mose 24: 19–22). Dies nicht zuletzt deshalb, weil das Volk einst in Ägypten versklavt war und selbst Not gelitten hat. Und die Gerechtigkeit war für Hans Falck natürlich nicht nur Herausforderung für die Soziale Arbeit, sondern der Gesellschaft insgesamt.

Um solchermaßen spezifisch religiöse Implikationen im Lebenswerk von Hans Falck näher zu beleuchten, werden wir uns im Folgenden diesen jüdischen Quellen selbst zuwenden und nach Antworten auf die Frage suchen, wo die Wurzeln unserer berufsethischen Standards zu finden sind, denen sich auch ein Hans Falck zutiefst verpflichtet gefühlt hat. Hierfür könnten wir bei ersten sozialpolitischen Konzepten am Beginn der frühen Neuzeit beginnen. Denn auf den Grundstrukturen systematisierter Armenpflege durch kommunale Bettel- und Armenordnungen gehen moderne Sozialpolitik und Soziale Arbeit wesentlich zurück (vgl. zum Beispiel Sachße/Tennstedt 1980; Zeller 2006; 2007). Ideengeschichtliche Vorläufer für die Entwicklung von Hilfsmaßnahmen durch die Gemeinschaft finden sich in den biblischen, später talmudischen Quellen zahlreich. Auf diese konnte sich der Begründer einer katholischen Soziallehre – Thomas von Aquin (1225–1274) – stützen. In seiner Almosenlehre klagte er die Heuchelei der Gebenden an, die sich durch Spenden vorwiegend *Lohn im Jenseits* erhofften. Allerdings war der mittelalterlichen Kirche der Gedanke noch zutiefst fremd, dass die unter heilsgeschichtlichen Dimensionen angesehene Armut bzw. gesellschaftliche Verelendungsprozesse mit weltlichen, sozialpolitischen Instrumenten bekämpft werden könnten. Wir finden also auch bei dem großen Gelehrten Aquin keine hilfreiche Begründung für die Einklagbarkeit sozialer Rechte. Die Katholische Kirche übernahm erst im Zusammenhang mit der Arbeiterfrage des 19. Jahrhunderts in der Enzyklika *Rerum Novarum* (1891) des Papstes Leo XIII offiziell den Gedanken des Wohlstandsausgleichs durch staatliche Institutionen. Es war historisch ein mühsamer Weg, bis aus Bittstellern einer Armenfürsorge Rechtssubjekte moderner Sozialpolitik und Sozialer Arbeit werden konnten. Wir müssen bei der Suche nach den berufsethischen Fundamenten für unsere Profession historisch früher beginnen als im ausgehenden Mittelalter.

Ethik und erster Menschenrechtsdiskurs in der hebräischen Bibel

Die abendländische Geistes- und Sozialgeschichte fußt im Wesentlichen auf zwei fundamentalen Denksystemen: einmal auf dem jüdischen (später auch im daran anknüpfenden christlichen) Denk- und Religionssystem mit seiner universalen biblischen Ethik und zum anderen auf der griechischen Philosophie mit der Betonung der Vernunft und Formulierung einer Unterscheidungsethik in Bezug auf die Vorstellungen vom *Guten* und *Bösen* sowie vom *gelingenden Leben* durch Aristoteles (384–322 v.u.Z.). Unsere abendländischen Begriffe wie Ethik, Humanität, Menschenrechte, Liberalität und Gerechtigkeit haben hier ihren Ursprung.

Nach der jüdisch, später auch christlichen, Vorstellung hat etwa um 1230 vor unserer Zeitrechnung durch die Gottesoffenbarung an Moses das kleine Nomadenvolk der Israeliten auf ihrer Flucht aus der ägyptischen Sklaverei den apodiktischen Rechtskorpus der *Zehn Gebote* erhalten. Durch die Gestalt des Moses begegnen wir einem reinen bzw. *ethischen Monotheismus*, wie es die führende Persönlichkeit des deutschen Judentums, Leo Baeck (1873–1956), formuliert hat. Es geht bei diesem *Zehnwort vom Sinai* sowie auch in der Prophetenliteratur um die Synthese zwischen Religion als metaphysischer Denkstruktur und dem höchsten Niveau einer universalen Ethik. Die eigentliche Volkwerdung begann für die Israeliten nicht in einem Heimatland, sondern als Sklaven in der ägyptischen Fremde. Dies hatte programmatische Folgen für die Geschichte des jüdischen Volkes und seiner Identitätsbildung. Dies spiegelt sich auch in den jährlichen Festen, wie zum Beispiel dem Erinnerungs- und Pilgerfest Pessach, wider. Dabei wird auch das Fremdsein zwar als eine schmerzhafte, manchmal aber auch durchaus heilsame kollektive Erfahrung gewertet. Seitdem gehört zu den Grundüberzeugungen jüdischer Rechtsvorstellungen, dass sich das moralische Niveau einer Gesellschaft vor allem am Umgang mit seinen schwächsten Mitgliedern und den Fremden ablesen lässt.

Das (Sozial-)Rechtsverständnis im rabbinischen Judentum

Die Vorstellung von der unbedingten Würdestellung eines jeden Individuums und des Lebensschutzes als höchstem Wert allen menschlichen Handelns sowie auch die Respektierung einer grundsätzlichen Handlungsautonomie haben ihre textgeschichtlichen Wurzeln in zahlreichen biblischen Quellen. Wir finden dieses ideengeschichtliche Fundament in unseren Menschenrechtsinstrumenten wieder. Diese setzen voraus, dass jedes Individuum allein aufgrund seines Menschseins mit gleichen Rechten ausgestattet ist. Diese Rechtsnorm ist universell, unteilbar und unveräußerlich.

Vor dem Hintergrund der Vorstellung einer Gottesebenbildlichkeit des Menschen folgt logisch das Gebot der Nächsten- und gleichermaßen auch die Fremdenliebe (3. Mose: 19,17f. und 33f., vgl. auch 5. Mose: 10, 19) als erste Form eines, im weitesten Sinne verstandenen, einklagbaren Grundrechtskataloges. Über die biblischen Erzählungen erfahren wir, dass die Richter (hebr. Schoftim) im alten Israel (unter ihnen auch die Richterin und Prophetin Deborah) vor den Stadttoren Recht sprachen. Das Verständnis des antiken Israel in Bezug auf soziale Gerechtigkeit gehörte zunächst einmal nicht in die frühen Kategorien einer öffentlichen „Sozial"-politik. Sondern es ging zuerst um die transzendentale Dimension einer besonderen Beziehung des jüdischen Volks zu seinem Schöpfergott der Offenbarung. Diese Beziehung ließ dann Sozialverhalten und Gerechtigkeitsvorstellungen auch nicht ausschließlich zu einer rein persönlichen Angelegenheit werden. Die Kommunikation zwischen der grundsätzlich *unmanipulierbaren* Schöpfermacht (Sloterdijk 2007, S. 25) und seinen Geschöpfen – im Gegensatz zu den antiken Göttergestalten – vollzog sich nicht ausschließlich autoritativ von oben nach unten. Denn es lassen sich in der hebräischen Bibel Vorbilder eines Diskurses zwischen zentralen biblischen Gestalten und der transzendentalen (Schöpfer-)Macht finden. Abraham, Moses, Jeremia oder Hiob *stritten* oft verzweifelt mit Gott über ihre Sorgen, Ängste und Nöte, rangen Zugeständnisse ab – oder versuchten ihn in manchen Entscheidungen sogar umzustimmen (vgl. zum Beispiel 1. Mose: 18, 23–33; 4. Mose: 14, 11–20, 11. 11–15).

Dieses allerdings auch nicht unkomplizierte Beziehungsverhältnis ist gleichermaßen durch einen Handlungsspielraum mit Wahlmöglichkeiten charakterisiert. So heißt es dazu:

> Hiermit lege ich dir heute das Leben und das Glück, den Tod und das Unglück vor. Wenn du auf die Gebote des Herrn, deines Gottes, auf die ich dich heute verpflichte, hörst, [...] dann wirst du leben [...]. Leben und Tod lege ich euch vor, Segen und Fluch. Wähle also das Leben, damit du lebst [...] (5. Mose: 30, 16, 19).

Innerhalb dieses Handlungsrahmens stellen Gerechtigkeit und soziales Engagement unabweisbare Verpflichtungen dar, sozusagen als Einlösung eines einklagbaren *Vertrages* des Menschen mit seinem Schöpfer. Verantwortungsbewusstsein und die Entwicklung von systematisierten Sozialtraditionen waren somit ideengeschichtlich im Judentum früh eng miteinander verzahnt. Dieses Rechtsverständnis, das sich aus einem komplexen gesellschaftlichen Gerechtigkeitskonzept heraus definiert, führte nach der Rückkehr aus dem babylonischen Exil zum Wiederaufbau von Gerichtsbarkeit und sozialen Hilfssystemen, damit wieder ein jüdisches Gemeinwesen entstehen konnte. So stellt auch die unkritische Hinnahme und Akzeptanz ungerechter sozialer Verhältnisse vor diesem historischen Hintergrund nicht zuletzt auch eine Missachtung göttlicher Gebote dar.

Das rabbinische Rechtsverständnis – fußend auf biblischen Quellen und Talmud – differenziert zwischen Recht (hebr. *mischpat*) und Gerechtigkeit (hebr. *zedaka*). Der jüdische Philosoph Abraham Heschel (1907–1972) hat beispielsweise den Unterschied dahingehend formuliert, dass ein Rechtssystem streng logisch strukturiert sei und Jedem das ihm gebührende zuspreche. Hingegen setzt die Vorstellung von Gerechtigkeit mitmenschliches *Wohlwollen* voraus (vgl. Heschel zit. n. Sluis u. a. 2005, S. 76). Heschel stützte sich auf den Propheten, Politiker, Mahner und Ratgeber der Könige von Juda – Jesaja – etwa 500 Jahre vor unserer Zeitrechnung. Im Buch Jesaja 1: 26 f. lesen wir, dass Gott seinem Volk die Wiedereinsetzung des Rechts durch eigens eingesetzte Richter verspricht, damit das jüdische Gemeinwesen wieder eine *Stadt der Gerechtigkeit* genannt werden könne. Gerechtigkeit mildert strenge Gesetze über das Recht durch zwischenmenschliches Mitgefühl ab. Die Rechtssysteme garantieren den Mitgliedern eines Gemeinwesens zwar bestimmte Rechte. Die Vorstellungen von Gerechtigkeit hingegen benötigen Einfühlungsvermögen, Mitgefühl und Großzügigkeit. Erst diese gewährleisten den Mitgliedern, überhaupt erst zu ihrem Recht kommen zu können. Recht und Gerechtigkeit sind also nicht dasselbe. Die Rechtsprechung dürfe nicht Strukturen aufweisen, an denen Menschen letztlich zu zerbrechen drohen. Recht ist danach *eine Form des Handelns* und Gerechtigkeit(-ssinn) eine bestimmte *Qualität, die jemand besitzt*. Recht deutet das, was jemand tut, Gerechtigkeit das, was jemand verkörpert. Gerechtigkeit weist nach jüdischer Sozialethik also über das Recht hinaus. Diese Implikationen bilden einmal die Voraussetzung für engagierte Parteilichkeit gegenüber sozial Schwächeren und gleichzeitig sind sie aber auch Voraussetzung für Unparteilichkeit und Unbestechlichkeit. Das Recht stirbt, wenn es inhuman angewendet wird. Es stirbt aber auch, wenn es *vergöttlicht* wird. Und Heschel führt hierzu weiter aus, dass die rein rechtsförmige Denklogik in der Rechtsprechung meist *unpersönlich* erscheint; demgegenüber stelle *das Interesse* bzw. der Einsatz *für das Recht* aber durchaus auch eine *Form der Liebe* dar (vgl. Heschel zit. n. Sluis u. a. 2005, S. 203ff.).

Im alten Israel gab es einen konkreten Platz, an welchem auch außerhalb der Familie erzieherische Aufgaben für Heranwachsende wahrgenommen werden konnte, Recht und Unrecht voneinander unterscheiden zu lernen. Dies war das Stadttor. Hier wurde die Möglichkeit zur Verfügung gestellt, Konfliktregelungen, Beratungen und Rechtspflege des Ältestenrates unmittelbar zu beobachten. Dort wurden Streitigkeiten und Probleme vorgebracht und öffentlich versucht, wieder sozialen Frieden herbeizuführen (vgl. Koerrenz 2001, S. 38). Im Buch Hiob lesen wir eine Schilderung für diese Institutionalisierung öffentlicher Rechtsprechung:

> Ging ich durchs Tor zur Stadt hinauf, […] sahen mich die Jungen […], die Alten standen auf und blieben stehen. Fürsten hielten mit Reden sich zurück und legten ihre Hand auf ihren Mund. […] Denn ich rettete den Armen, der schrie, die Waise, die ohne Hilfe war. Der Segen des Verlorenen kam über mich, und jubeln ließ ich der Witwe Herz. Ich bekleidete mich mit Gerechtigkeit, wie Mantel und Kopfbund umhüllte mich mein Recht. Auge war ich für den Blinden, dem Lahmen wurde ich zum Fuß. Vater war ich für die Armen, des Unbekannten Rechtsstreit prüfte ich. Ich zerschmetterte des Bösen Kiefer, entriss die Beute seinen Zähnen. […] Lächelte ich denen zu, die ohne Vertrauen (waren S.Z.), sie wiesen das Leuchten meines Gesichts nicht ab" (Hiob 29: 7–24).

Pädagogisch wertvoll waren für die junge Generation nicht einzelnen Gesetze. Sondern wichtig war die Erkenntnis, wie normative Rechtstraditionen für Auseinandersetzungen regulierend und gleichsam handlungsleitend über Kommunikation – heute würden wir mit Jürgen Habermas sagen, über den Diskurs – lösungsorientiert zur Konfliktbewältigung führten.

Die ersten Sozialtraditionen im antiken israelitischen Gemeinwesen

In zahlreichen biblischen und talmudischen Textstellen lässt sich das Fundament erster organisierter Sozialtraditionen für Bedürftige nachlesen, wie sie etwa seit dem 5. Jahrhundert vor unserer Zeitrechnung eingerichtet worden sind: Diese sind später ganz oder teilweise vom Christentum und zum Teil auch vom im frühen 7. Jahrhundert entstandenen Islam übernommen worden.

In den fünf Büchern Mose taucht die Klientel sozialer Unterstützungssysteme in der häufigen Formulierung Witwen, Waisen, Untergebene, Sklaven und Gefangenen auf, wobei auch die Fremden ausdrückliche Erwähnung finden. Das Volk wird gemahnt, dass es angesichts des Elends die *Hand nicht verschließen* und sein *Herz nicht verhärten* dürfe (vgl. 5. Mose 15: 7– 18). In den Ausführungen zu dem Begriff der *Liebe* für den Nächsten, den Fremden oder gar den Feind, lesen wir zu den Ausführungen biblischer Vorschriften im Talmud allerdings nichts von übermenschlicher Selbstaufopferung und Selbstverleugnung. Denn Liebesgefühle können nicht verordnet werden. Gemeint ist vielmehr das konkrete soziale Engagement für den Mitmenschen, der Unterstützung braucht. Die ersten organisierten (Umverteilungs-)Maßnahmen für Bedürftige müssen bereits seit der Zeit des Zweiten Tempels (538 vor unserer Zeitrechnung) existiert haben.

Existenzsicherung für Bedürftige in den fünf Büchern Mose

- Tägliches Aufsammeln von Nahrungsmitteln an den Rändern der Felder (3. Mose 19: 9, 10)
- Verpflichtung, in jedem dritten Jahr den zehnten Teil der Jahresernte den Armen zu überlassen (5. Mose 14: 28, 29)
- Die Sabbatruhe als antike „Arbeitsschutzgesetzgebung" mit der Forderung nach einem wöchentlichen Tag der Ruhe unabhängig von ihrem sozialen Stand (5. Mose 5: 14)
- Das Sabbatjahr mit der Vergabe der gesamten Ernte an Bedürftige im siebten Ruhejahr (3. Mose 25: 3–7)
- Freilassung und Versorgung von jüdischen Sklaven im siebten Jahr (3. Mose 25: 35, 39–41, 43; 5. Mose 15: 12–14, 18)
- Vergabe von stützenden Darlehen für in Not Geratene und das Zins – Verbot (5. Mose 15: 7, 8; 2. Mose: 22: 24)
- Schuldenerlass nach sieben Jahren mit der späteren rabbinischen Einführung einer vertraglichen Vereinbarung (hebr. Prosbul) bei Geldschulden (5. Mose 15: 1f.)
- Unverzügliche Auszahlung von Löhnen für geleistete Arbeit (5. Mose 24: 14ff.)

- Unparteiische und gerechte Behandlung Armer vor Gericht ohne Ansehen der Person (2. Mose 23: 3, 6; 3. Mose 19: 15)

Die Konkretisierung der Sozialmaßnahmen, die auch den gesellschaftlichen Verhältnissen einer sich wandelnden Agrargesellschaft Rechnung trugen, sind in den rabbinischen Kommentaren im Talmud genauer ausformuliert worden.

Grundprinzipien rabbinischer Sozialethik
Zedaka und G'milut Chessadim

Für jüdische Wohlfahrtspflege hat sich der Begriff *Zedaka* als Almosenspenden oder Wohltätigkeit durchgesetzt. Ursprünglich bedeutete *Zedaka* Gerechtigkeit. Auf dem Gerechtigkeitsgedanken basiert die Vorstellung von gesellschaftlicher Gleichheit. *Zedaka* wurde von den rabbinischen Gelehrten zur höchsten religiös-ethischen Verpflichtung erklärt. Soziale Hilfsmaßnahmen stellen auch keine freiwilligen Leistungen der Wohlhabenden gegenüber den sozial Schwächeren dar. Sondern sie sind die Erfüllung einer (von Gott) auferlegten Pflicht oder eines *Vertrages* (mit Gott), dem sich ohne Verlust des persönlichen Ansehens niemand entziehen kann. Wir haben es hier mit einem sozialethisch spezifisch jüdisch konnotierten Verpflichtungskatalog (öffentlicher) Leistungen zu tun, der sich an egalitäre Vorstellungen knüpft.

Die rabbinischen Gelehrten differenzierten zwischen der *Zedaka* und *G'milut Chessadim*. Dies bedeutet so viel wie unmittelbar ausgeübtes soziales Engagement, dem eine Grundhaltung des Mitgefühls zugrunde liegt. Hierzu gehören:

- Gastfreundschaft (1. Mose 18: 2ff; 21: 33; 24: 15ff.; Jesaja 58: 7; Hiob 31: 19, 20)
- Großziehen von Waisenkindern (Psalm 106, 3; 118; Hiob 31: 17)
- Krankenbesuch (Psalm 41: 4)
- Die Unterstützung armer Brautleute (1. Mose 2: 22; 5. Mose 15: 8)
- Die Bestattung der Toten (1. Mose 23: 3; 47: 29; Prediger 7: 2)
- Das Trösten von Trauernden (1. Mose 25: 11; 35: 9)
  (vgl. Müller 1997, S. 68 ff.)

G'milut Chessadim geht ideell über materielle Hilfen hinaus. Die Gemeinden waren verpflichtet, die Grundbedürfnisse der Mitglieder des jüdischen Gemeinwesens sicherzustellen. Sie wurden jeweils angesehenen Gemeindeverwaltern übertragen, die Geld für die Armenbüchse (hebr. *Kuppah*) sammelten und verteilten, Hilfsanträge überprüften und die Existenzgrundlage durch die Vergabe von mindestens vierzehn Mahlzeiten in der Woche für Bedürftige sicherstellten. Sie sorgten dafür, dass Einheimische wie Fremde mit Kleidung versorgt wurden, reisende Gäste nicht ohne Nahrung und schützende Begleitung wieder ziehen mussten und kümmerten sich um die Auslösung Gefangener.

Der *rabbinische Warenkorb* nach Moses Maimonides im Vergleich mit unserem heutigen Sozialgesetzbuch

Der größte jüdische Denker des Mittelalters, rabbinischer Gelehrter und Arzt Moses Maimonides (1135–1204), hat sich im späten 12. Jahrhundert in einem seiner Hauptwerke *Mischne Thora* (1180) mit den biblischen und später im Talmud durch die rabbinischen Gelehrten interpretierten Sozialtraditionen beschäftigt. Es ging ihm, wie seinen rabbinischen Kollegen des frühen Mittelalters auch, um die Frage, was Menschen für ein Leben in Würde existenziell benötigen. Dafür wies er nach talmudischer Tradition einmal mehr ausdrücklich darauf hin, dass Hilfsbedürftige soziale Maßnahmen von der Gemeinschaft zur Einlösung des gesellschaftlichen Gerechtigkeitsgedankens erwarten durften. Denn der dauerhafte Zustand unfreiwilliger gesellschaftlicher Armut wird nach jüdisch-ethischem Verständnis als ein großes Übel verstanden, da sie die menschliche Würde untergräbt.

Im Babylonischen Talmud lesen wir beispielsweise: Armut *gleicht dem Tode* und ist *schlimmer als fünfzig Plagen* (vgl. Sacks 1992, S. 15, 28). Hier gibt es Übereinstimmung mit der Nikomachischen Ethik von Aristoteles, der ebenso konstatiert hat, dass niemand einen Menschen, der an allem Mangel leide, als *glücklich* bezeichnen könne.

Der rabbinische Warenkorb nach Moses Maimonides

- Sicherstellung von Nahrung und Kleidung
- Bereitstellung von Wohnraum, Hausrat und Möbeln
- Sicherstellung der Lebensgrundlagen für Heranwachsende
- Rechtsschutz für verwaiste Kinder
- Lebensunterhalt für die alten Eltern
- Pflege und medizinische Versorgung von verarmten Kranken
- Mittelvergabe für Armenbegräbnisse
- Finanzielle Unterstützung für die Durchführung einer Hochzeit
- Befreiung von gefangenen Gemeindemitgliedern
- (vgl. Sacks 1992; Müller 1997).

Diese Sozialtraditionen erinnern an den Warenkorb heutiger Sozialhilfe, der im Leistungskatalog im 12. Buch des Sozialgesetzbuchs (SGB) festgeschrieben ist.

Hilfen im Sozialgesetzbuch (SGB XII)
BGBl: I Bl. 2022 vom 27.12.2003

- Hilfe zum Lebensunterhalt (§§ 27–40)
- Grundsicherung im Alter und bei Erwerbsminderung (§§ 41–46)
- Hilfen zur Gesundheit (§§ 47–52)
- Eingliederungshilfen für behinderte Menschen (§§ 53–60)
- Hilfen zur Pflege (§§ 61–66)

❖ Hilfen zur Überwindung besonderer sozialer Schwierigkeiten (§§ 67–69)
❖ Hilfen in anderen Lebenslagen, Beratung und Unterstützung (§§ 70–74).

Vergegenwärtigen wir uns angesichts der oben skizzierten rabbinischen Gerechtigkeits- und Verpflichtungsethik die Behandlung Hilfsbedürftiger im christlichen Abendland besonders seit der frühen Neuzeit. Sie war gekennzeichnet durch Ausgrenzung, Diskriminierung, Bettelverbote, Vertreibung, Prügelstrafe und Ausbeutung als billige Arbeitskräfte in Arbeitshäusern. Hilfsbedürftige blieben Bittsteller öffentlicher Leistungen bis weit in das 20. Jahrhundert hinein. In Deutschland kam es schließlich gänzlich zum Zivilisationsbruch zwischen 1933–1945. Vor dem Hintergrund einer nationalsozialistischen *Rassentheorie* und *Rassenhygiene* sollte zwischen *würdiger* und *unwürdiger* Klientel differenziert werden. Unter dem Euthanisieprogramm wurde ab Kriegsbeginn die physische Vernichtung der Schwächsten – der Behinderten – praktiziert.

Die *Acht Stufen der Wohltätigkeit* nach Moses Maimonides

Nach talmudischer Vorstellung handelt es sich bei einem sozialen Engagement nicht ausschließlich um ein Gefühl, welches leicht in Gefahr geraten kann, in eine unprofessionell-sentimental gefärbte Attitüde zu gleiten. Nur eine Hilfe, die real in die Lage versetzt, von fremder Hilfe dauerhaft nicht mehr abhängig zu sein, kann als effektiv betrachtet werden. Zentrale Aspekte einer traditionell großzügig strukturierten Praxis jüdischer Wohltätigkeit finden wir 1180 bei Maimonides in einer Art qualitativen Achtstufen-Werteskala ausdifferenziert.

1. Den Hilfsbedürftigen die Möglichkeit geben, sich wieder selbstständig ernähren zu können, zum Beispiel durch Arbeitsbeschaffung, durch Angebote einer Geschäftspartnerschaft, durch die Vergabe von (zinslosen) Darlehen oder durch Geldgeschenke, also reale Hilfe zur Selbsthilfe. Denn nur solche Formen der Hilfeleistungen garantieren eine dauerhafte Unabhängigkeit.
2. Großzügig spenden und helfen in einer Weise, dass die Hilfsbedürftigen und die Spendenden nichts voneinander wissen, um beschämende Situationen zu vermeiden.
3. Die unterstützende oder spendende Person weiß, wem sie gibt. Aber die Hilfsbedürftigen kennen den Spender nicht.
4. Die Gebenden kennen nicht die Namen der Hilfsbedürftigen, diese aber kennen die Gebenden.
5. Hilfeleistungen gewähren, bevor ausdrücklich darum gebeten wird.
6. Geben und unterstützen, nachdem Notstände eingetreten sind und um Hilfe gebeten wurde.
7. Hilfeleistungen in bescheidenem Ausmaß, aber mit innerer Anteilnahme und Freundlichkeit.
8. Geben mit innerem Unwillen und lediglich aus moralischer Verpflichtung heraus.

(vgl. Moses Maimonides in seinem Buch Mishne Thora, Holkhot Mattenot, Ani´im, 10, 7– 14; vgl. Rosin 1876; Sacks 1992; Müller 1997)

Nach dieser Werteskala ist die effektivste Form aller sozialen Dienstleistungen die nachhaltige Hilfe zur Selbsthilfe, um auf Dauer nicht mehr auf fremde Hilfe angewiesen zu sein. Dann folgt die Form der möglichst anonymen Hilfsmaßnahme, um erniedrigende Situationen ausschließen zu können. Die niedrigste Stufe des Gebens stellt die widerwillige Unterstützung aus (lästiger) moralischer Verpflichtung heraus dar. Die Soziale Arbeit im modernen Sozialstaat wäre nach dieser Skala etwa nur auf der sechsten Stufe zu verorten.

Von der Wohltätigkeit zur Gerechtigkeit und die Professionalisierung Sozialer Arbeit

Fußend auf den skizzierten Fundamenten jüdischer Sozialtraditionen waren alle Reformer_innen, die unsere alte polizeiliche Armenpflege zu einem professionellen Berufszweig reformiert haben, ebenfalls jüdischer Herkunft. Sie lehnten viele Jahrhunderte später auch folgerichtig die traditionellen bürgerlichen Wohltätigkeitsbazare, Tanzveranstaltungen und Armenspeisungen zugunsten Notleidender bewusst ab. Denn ihr berufsethisches Credo war nicht *Wohltätigkeit* im Sinne von Almosengeben, sondern *Gerechtigkeit.* Nach der Verpflichtungsethik bedeutete Wohlfahrtspflege die Einlösung sozialer Verantwortung und Erfüllung von gesellschaftlichen Bürgerpflichten. Dies stellte auch unsere Berufsgründerin – Alice Salomon (1872–1948) – immer wieder nachdrücklich in das Zentrum ihres Lebenswerkes. Das Konzept von Wohlfahrtspflege im Sinne von *Zedaka* sowie schließlich die Entwicklung einer Profession für Soziale Arbeit ist ohne die zugrunde liegenden ethischen Implikationen aus jüdischen Sozialtraditionen kaum oder nicht in dieser speziellen Ausprägung verstehbar.

Jüdische Gemeinden und vor allem deren weibliche Mitglieder besaßen seit Jahrhunderten einschlägige Erfahrungen mit der Organisierung von Gemeinwesen bezogenen Strukturen. Diese waren weniger Ausdruck einer Barmherzigkeits- als der expliziten Gerechtigkeits- und Verpflichtungsethik. Seit dem Mittelalter ist in Europa die anfangs selbst gewählte, später zunehmend durch die Christen erzwungene Ghettosituation der jüdischen Minderheit die notwendige strukturelle Voraussetzung eigener Betreuungsinstitutionen geworden. Pogrome, Armut und Infektionsgefahren sowie die ständige Bedrängnis durch Behörden und die Willkür christlicher Machthaber zwangen jüdische Gemeinden zur Selbsthilfe. Die Synagoge (hebr. *Beit Knesset,* Haus der Versammlung) war in den Diasporagemeinden des christlichen Europa nicht nur ein Gebets- und Lernort oder ein Platz, an dem die jüdischen Feste gefeiert wurden. In Notzeiten mussten die Synagogen auch als Asyl, Suppenküche, Kleiderkammer dienen. Somit waren die jüdischen Sozialreformerinnen der Bürgerlichen Frauenbewegung des ausgehenden 19. Jahrhunderts seit Langem in der Lage, einen eher nüchternen Blick auf Armut und Elend zu werfen. Sie setzten sich, wie zum Beispiel Jeanette Schwerin (1852–1899), Albert Levy (1862–1922) oder Emil Muensterberg (1855–1911) zunächst für grundsätzliche Veränderungen des Armenpflegewesens ein. Betont wurde die sozialpolitische Funktion *sozialer Hilfsarbeit,* wie sie damals hieß. Diese Fokussierung wird erst vor dem Hintergrund der Forderung nach sozialer Gerechtigkeit verständlich. Wohlfahrtspflege bedeutete danach vor allem Aufklärung, Bildung, Erziehung und Hilfe zur Selbsthilfe. Und für diese schwierigen Aufgaben mussten gut ausgebildete Berufskräfte rekrutiert werden. Mitgefühl und Engagement war hierbei ein Ergebnis professioneller Urteilskraft, wobei die Wahrung der Selbstachtung oberstes berufsethisches Prinzip darstellt.

Zentrale jüdische Persönlichkeiten für den Professionalisierungsprozess der Sozialen Arbeit in Deutschland:

- Moses Maimonides (1135–1204): Die *Acht Stufen Skala der Wohltätigkeit* aus dem Talmud; zusammenfassende Darstellung biblischer Sozialmaßnahmen
- Juan Luis Vives (1492–1540): Erstes systematisiertes Konzept (*de subventione pauperum* 1526) der frühen Neuzeit zur strukturellen Reform der öffentlichen Armenpflege in Europa
- Lina Morgenstern (1830–1909): Gründung der ersten genossenschaftlich organisierten Berliner Volksküchen (1866); Organisierung des ersten Internationalen Frauenkongresses
- Emil Muensterberg (1855–1911):Leitung der Berliner Armenstatistik; programmatische wissenschaftliche Schriften zur deutschen Armengesetzgebung; Initiator von Reformen und Neuorganisationen in der Armenpflege; Gründung der *Auskunftsstelle für Wohltätigkeit* (1895); Leitung der *Zentralstelle des Deutschen Vereins für Armenpflege und Wohltätigkeit* (1906)
- Albert Levy (1862–1922): Ab 1900 Mitglied in der städtischen Armenkommission Berlin und in dem von Emil Muensterberg errichteten *Zentralstelle des Deutschen Vereins für Armenpflege und Wohltätigkeit* (heute DV); Gründungsmitglied der *Deutschen Gesellschaft für ethische Kultur* (1892) und des *Archiv für Wohlfahrtspflege* (1893, heute DZI)); Erster Vorsitzender der *Centrale für private Fürsorge e. V.* (1899/1906)
- Jeanette Schwerin (1852–1899): Gründung der ersten Ausbildungskurse für *Soziale Hilfsarbeit* (1893/99); Gründerin der Berliner *Auskunftsstelle* der *Deutschen Gesellschaft für ethische Kultur* (1892/93)
- Alice Salomon (1872–1948): Gründung der ersten zweijährigen, überkonfessionellen *Sozialen Frauenschule* (1908); Initiierung der ersten Konferenz Sozialer Frauenschulen Deutschlands (1917); Gründung der Deutschen Akademie für soziale und pädagogische Frauenarbeit (1925); Herausgabe erster Lehrbücher (1909/1921/23/26); Formulierung einer ersten Theorie des Helfens (1926); Gründung des Internationalen Komitees Sozialer Schulen (1929)
- Sidonie Wronsky (1883–1947): Geschäftsführerin des Berliner *Archiv für Wohlfahrtspflege* (1908); Herausgabe von Lehrbüchern (1926/32); Gründerin der ersten Ausbildungsstätte für Soziale Arbeit in Palästina (1934)
- Hedwig Wachenheim (1891–1969): Initiatorin der ersten gewerkschaftlichen Berufsorganisation für die Sozialbeamtinnen in Deutschland (1916); Leiterin der ersten Ausbildungsstätte der Arbeiterwohlfahrt (1928)

- Gisela Konopka (1910–2003): Die Pädagogin engagierte sich in der Heim- und Fürsorgeerziehung und Gewerkschaftsarbeit. In der Emigration spezialisierte sie sich als Professorin für die Methoden des Case Work und vor allem im Social Group Work und schrieb zahlreiche Fachbücher für die Soziale Gruppenarbeit

Schluss

Über die Gründung programmatischer Institutionen und Konzeptionen für berufliche Soziale Arbeit durch Persönlichkeiten aus dem kulturell jüdischen Umfeld sind spezifische Elemente biblisch-rabbinischer Sozialethik in den Prozess der Professionalisierung für Soziale Arbeit in Deutschland eingeflossen. Hieraus lassen sich berufsethische Grundprinzipien in den *Ethik Codes* der Fachgewerkschaften DBSH und IFSW wiederfinden.

Das skizzierte Erbe aus dem Judentum ist in wesentlichen Aspekten vom Christentum übernommen worden und bildet somit das sozialethische Fundament unserer westlichen Wertegemeinschaft. Dieses Fundament dokumentiert sich in der Menschenrechtsdeklaration von 1948 und den Internationalen Menschenrechtspakten (Sozial- und Zivilpakt von 1966/73).

Für den Social Worker und Sozialarbeitswissenschaftler Hans Falck werden die rabbinischen Wurzeln unserer Profession sowie die Internationalen Menschenrechtspakte mehr als vertraut gewesen sein, da sie in angelsächsischen Fachbüchern und Artikeln, ganz gleich für welches Arbeitsgebiet, meist in den Einleitungen ausdrücklich berücksichtigt werden. Eine explizite Menschenrechts(aus)bildung suchen wir in den Curricula und Modulkatalogen der Schulen und Hochschulen bei uns in der Bundesrepublik Deutschland allerdings meist noch vergeblich. Dies wird den Menschenrechtsorganisationen, die im *Forum Menschenrechte* zusammen geschlossen sind, überlassen. So sind die Internationalen Menschenrechtspakte als unterstützende berufsethische Orientierungskoordinaten noch weitgehend unentdeckte Ressourcen für die Praktiker_innen der Sozialen Arbeit. Sie könnten dabei helfen, dass eine zunehmend verelendende Klientel nicht erneut preisgegeben wird, wie schon einmal in der Geschichte der Fürsorge und Wohlfahrtspflege in Deutschland zwischen 1933–1945. Unsere Profession hat sich spätestens nach 1933 von großen Teilen ihrer Klientel unter den neuen *rassenhygienischen Richtlinien* getrennt und sich für ihren weiteren Verbleib und ihre Behandlung nicht mehr interessiert.

Der Publizist und derzeitige Chefkorrespondent der ARD Berichterstattung aus Israel – Richard Chaim Schneider – hat in diesem Zusammenhang zugespitzt formuliert, dass das *christlich geprägte Europa das jüdische Gesetz nicht ertragen konnte*. Die Präsenz von Juden erinnere *die nichtjüdische Welt* immer *an den radikalen, monotheistischen, götzenfeindlichen Humanismus, den das Judentum der Welt geschenkt hat.* Und so bliebe *dieser Humanismus eine Provokation und Herausforderung für Europa* (vgl. Schneider 1997, S. 282).

Nicht zuletzt traf der Zivilisationsbruch im nationalsozialistischen Volkspflegewesen und insgesamt in Deutschland auch die Familie von Hans Falck, den Deutschland 1939 endgültig zu einem Vertriebenen gemacht hat. Der berühmteste Schriftsteller Israels – Amos Oz – hat in seinem Buch *Eine Geschichte von Liebe und Finsternis* am Beispiel seiner vertriebenen Eltern literarisch verarbeitet, wie die Juden Europas immer schon in Kunst und Kultur Europäer gewesen waren, wofür man sie nicht erst im 20. Jahrhundert verfolgt hat. Sondern sie sind seit der frühen Neuzeit immer wieder aus europäischen Ländern vertrieben worden. Ihren Beitrag und ihre Liebe zur Kultur und Wertegemeinschaft Europas hat man ihnen nicht vergolten. Kinder europäischer Juden hätten sich angesichts dieser seelischen Verletzungen nie wieder wirklich von den Vertreibungen erholen können (vgl. Oz 2004).

Zum Schluss bleibt für uns heute die Frage: Hat sich ein Hans Falck in der Emigration von seiner Vertreibung je wieder wirklich erholen können (vgl. dazu Schumann 1995)?

Literatur

Baeck, Leo (1926): Der geistige Gehalt der jüdischen Wohlfahrtspflege. Vortrag Düsseldorf. In: Der Morgen 2, H. 3, S. 215–222

ders. (1929): Jüdische Wohlfahrtspflege. In: Dünner, Julia (Hrsg.): Handwörterbuch der Wohlfahrtspflege. Berlin

ders. (1930/1987): Jüdische Wohlfahrtspflege und jüdische Lehre. Vortrag Berlin. In: Scheller, Berthold (Hrsg.): Die Zentralwohlfahrtsstelle. Jüdische Wohlfahrtspflege in Deutschland 1917–1987. Frankfurt/Main

Baer, Fritz (1929): Vom Ursprung der Chewrah. In: Zeitschrift für jüdische Wohlfahrtspflege. Bd. 1, S. 241–247

Ben-Chorin, Schalom (1983) Jüdische Ethik. Tübingen

ders.(1987): Die Tafeln des Bundes. Das Zehnwort vom Sinai. 2. Aufl. Tübingen

Bergmann, Juda (1913): Die Mildtätigkeit. In: Verband der Deutschen Juden (Hrsg.): Soziale Ethik im Judentum. Frankfurt/Main S. 51–70

Brumlik, Micha/Brunkhorst, Hauke (Hrsg.) (1993): Gemeinschaft und Gerechtigkeit. Frankfurt/Main

Buber, Martin/Rosenzweig, Franz (1992): 1. Die fünf Bücher der Weisung. 2. Bücher der Geschichte. 3. Bücher der Kündung. 4. Die Schriftwerke. 10. Aufl. Stuttgart

Carlebach, Julius (Hrsg.) (1993): Zur Geschichte der jüdischen Frau in Deutschland. Berlin

Caspari, Eugen (1922): Von jüdischer Wohlfahrtspflege. Berlin

Dick, Jutta/Sassenberg, Marina (Hrsg.) (1993): Jüdische Frauen im 19. und 20. Jahrhundert. Lexikon zu Leben und Werk. Frankfurt/Main

Fassmann, Maya Irmgard (1996): Jüdinnen in der deutschen Frauenbewegung 1865–1919. Hildesheim

Goodman, Paul (1913): Die Liebestätigkeit im Judentum. Frankfurt/Main

Gradwohl, Roland (1991): Hasse nicht in deinem Herzen. Vierte Auflage der Grundgesetze des Judentums. Stuttgart

Gunkel, Hermann/Baeck, Leo (1927): Armenpflege II. In Israel und im Judentum. In: Gunkel, Hermann/Zscharnack, Leopold (Hrsg.): Religion in Geschichte und Gegenwart. Tübingen. S. 538–540

Gronemeyer, Reimer (1999): Moral und Ethik für ein neues Zeitalter. Die 10 Gebote des 21. Jahrhunderts. München

Hanauer, Wilhelm (1913): Die jüdische Wohlfahrtspflege in Deutschland. Tübingen

Heschel, Abraham J. (1935/1992): Maimonides. Eine Biographie. Berlin/Neukirchen-Vluyn

Kaplan, Marion (1981): Die jüdische Frauenbewegung in Deutschland. Organisation und Ziele des Jüdischen Frauenbundes 1904–1938. Hamburg

Koerrenz, Ralf (1992): Das Judentum als Lerngemeinschaft. Die Konzeption einer pädagogischen Religion bei Leo Baeck. Weinheim

ders. (2001): Die Grundlegung der Sozialpädagogik im Alten Israel. In: Busch, Friedrich W./ Wätjen, Hans-Joachim (Hrsg.): Oldenburger Universitätsreden. Vorträge, Ansprachen, Aufsätze. Nr. 131, Oldenburg

Lapide, Pinchas (1987): Wie liebt man seine Feinde? 5. Aufl. Mainz

Lazarus, Moritz (1901): Die Ethik des Judentums. Frankfurt/Main

Menschenrechte und Soziale Arbeit (1994): Ein Handbuch für Ausbildungsstätten der Sozialen Arbeit und für den Sozialarbeiterberuf. New York/Genf

Mührel, Eric (2003): Ethik und Menschenbild der Sozialen Arbeit. Essen

Müller, Klaus (1999): Diakonie im Dialog mit dem Judentum. Eine Studie zu den Grundlagen sozialer Verantwortung im jüdisch-christlichen Gespräch. Veröffentlichungen des Diakoniewissenschaftlichen Instituts der Universität Heidelberg. Bd. 11. Heidelberg

Neues Lexikon des Judentums (o.J.): (Stichworte: Wohlfahrtspflege; Soziale Gesetzgebung der Juden; Armenwesen; Wanderfürsorge; Charity; Philantropy; Persönlichkeit). o. O.

Niewöhner, Friedrich (Hrsg.) (1988): Maimonides. Schriften zur Aufklärung. Aufklärung und Toleranz im Mittelalter. Heidelberg

Oppenheimer, John F. (Hrsg.) (1967): Lexikon des Judentums. Gütersloh

Oz, Amos (2004): Eine Geschichte von Liebe und Finsternis. Frankfurt/Main

Radday, Yehuda T./Schultz, Magdalena (1984): Nächstenliebe nach jüdischer Auffassung. In: Universitas. Zeitschrift für Wissenschaft, Kunst und Literatur 39, Sonderdruck

Rosin, David (1876): Die Ethik des Maimonides. Jahresbericht des jüdisch-theologischen Seminars „Fraenckel'scher Stiftung". Breslau

Sacks, Jonathan (1992): Wohlstand und Armut: Eine jüdische Analyse. In: Heuberger, Georg/ Spiegel, Paul (Hrsg.): Zedaka. Jüdische Sozialarbeit im Wandel der Zeit. Frankfurt/Main. S. 46–61

Sachße, Christoph/Tennstedt, Florian (1980): Geschichte der Armenfürsorge in Deutschland. Stuttgart

Schilling, Johannes/Zeller, Susanne (2012): Soziale Arbeit. Geschichte, Theorie, Profession. 5. Aufl. München

Schneider, Richard Chaim (1997): Fetisch Holocaust. München

Schumann, Michael (1995): Hans Falck: Plädoyer für eine Sozialarbeitswissenschaft. In: Wieler, Joachim/Zeller, Susanne (Hrsg.): Emigrierte Sozialarbeit. Freiburg. S. 76–88

Segall, Jacob (1924): Jüdische Wohlfahrtspflege. In: Karstedt, Oskar (Hrsg.): Handwörterbuch der Wohlfahrtspflege. Berlin

Segall, Jacob/Baeck, Leo (1929): Jüdische Wohlfahrtspflege. In: Dünner, Julia (Hrsg.): Handwörterbuch der Wohlfahrtspflege. Berlin

Sloterdijk, Peter (2007): Gottes Eifer. Vom Kampf der drei Monotheismen. Frankfurt/Main

Sluis, Douwe van der (2005): Alle Morgen neu. Einführung in die jüdische Gedankenwelt anhand eines der wichtigsten Gebete (Achtzehngebet).Wittingen

Staub-Bernasconi, Silvia (2007): Soziale Arbeit als Handlungswissenschaft. München

Verband der Deutschen Juden (Hrsg.) (1999): Die Lehren des Judentums nach den Quellen. Bd.2. München

Wieler, Joachim/Zeller, Susanne (Hrsg.) (1995): Emigrierte Sozialarbeit. Freiburg

Zedaka. Jüdische Sozialarbeit im Wandel der Zeiten (1992): 75 Jahre Zentralwohlfahrtsstelle der Juden in Deutschland 1917–1992. Ausstellungskatalog Jüdisches Museum Frankfurt/Main.

Zedakah. Zeitschrift für jüdische Wohlfahrtspflege. Hrsg. v. d. Zentralwohlfahrtspflege der deutschen Juden 1925–1928. Berlin

Zeller, Susanne (1994): Geschichte der Sozialarbeit als Beruf. Bilder und Dokumente (1893–1939). Pfaffenweiler

dies. (1998): Nicht Almosen, sondern Gerechtigkeit. Jüdische Ethik und ihre historischen Wurzeln für die Professionalisierung in der Sozialen Arbeit. In: Neue Praxis 28. Jg., Heft 6, S. 540–556

dies. (1999): Der „jüdische Aristoteles". Moses Maimonides (1135–1204). In: VIA REGIA. Blätter für internationale und interkulturelle Kommunikation. H 68/69, S. 75–84

dies. (2006a): Juan Luis Vives (1492–1540). (Wieder)Entdeckung eines Europäers, Humanisten und Sozialreformers jüdischer Herkunft im Schatten der spanischen Inquisition. Freiburg

dies. (2006b): Die „Human Rigths Profession" als berufsethische „Realutopie" und die Menschenrechtsinstrumente. In: Schmocker, Beate (Hrsg.): Liebe, Macht und Erkenntnis. Silvia Staub-Bernasconi und das Spannungsfeld Soziale Arbeit. Freiburg. S. 525–542

dies. (2007): Alte Armut – neue Armut. Ein Konzept zur Armutsprävention aus dem 16. Jahrhundert. In: Soziale Arbeit 56. Jg, H. 5, S. 174–182

dies. (2009): Theorie der Sozialen Arbeit als „emergente Handlungswissenschaft". In: Soziale Arbeit 57 Jg., H. 6, S. 213–321

dies. (2013a): Was ist jüdisch an der Jüdischen Sozialarbeit? Harry Maór und die identifikatorische Kulturarbeit. In: Soziale Arbeit 61 Jg., H. 5, S. 178–192

dies. (2013b): Die Für-Sorge wird zur Volks-Pflege. Soziale Berufsarbeit im Nationalsozialismus. In: Forum Sozial. H. 4, S. 19–23

Dokumentation

Hans S. Falck war in vielerlei Hinsicht eine wichtige „Schlüsselperson" in der Sozialen Arbeit in den Vereinigten Staaten. Das machen nicht nur seine Mitarbeit in zahlreichen Komitees und Organisationen deutlich, sondern auch die vielen Preise, mit denen Hans Falck sowohl im akademischen als auch im professionellen Bereich geehrt wurde. Beispielhaft seien seine Auszeichnung als Social Work Pioneer der National Association of Social Work (NASW) genannt sowie seine einflussreiche Position als langjähriger Herausgeber des Journal of Education for Social Work.

Eine besonders aktive Rolle spielte Hans Falck bei der Gründung der American Association for the Advancement of Social Work with Groups (AAASWG), mit der die Soziale Gruppenarbeit in den USA (und darüber hinaus, auch in Deutschland gibt es ein Chapter) erneuert werden sollte, damit ein umfassend verstandenes Groupwork sich gegen die Dominanz klinischer Einzelfallhilfe behaupten kann.

Eine besondere Ehrung wird Hans Falck seit 2007 durch die ihm gewidmete Vorlesungsreihe über soziale Verantwortlichkeit zuteil. Diese Veranstaltung wird von dem 1923 gegründeten William Byrd Community House durchgeführt, einem Settlement, dem Hans Falck jahrzehntelang in verschiedenen Funktionen und Aufgaben verbunden war.

Die zweite Veranstaltung dieser Hans S. Falck Lectureship Series on Social Responsibility wird im Folgenden dokumentiert. Am 27. März 2008 erörterte die jüdische Feministin Laia Katz die Besonderheit des jüdischen Mandates für soziale Verantwortlichkeit. Diesen Text haben wir ausgewählt, da er an viele Aspekte der hier versammelten Beiträge anschließt und deutlich macht, dass und wie eine soziokulturelle und religiöse Identität nicht zur Abgrenzung, sondern zu engagierter Offenheit führt.

Social Responsibility: A Jewish Mandate

Laia S. Katz

I am delighted to be here this evening to participate in the special lectureship established by this venerable, respected and most important institution of the community. I thank Dr. Renate Forssmann-Falck for having invited me to honor and celebrate the life, the mission, the work and the contributions of her beloved husband Professor of Social Work Dr. Hans S. Falck. Tonight we consider the subject of *Social Responsibility: A Jewish Mandate.* To hold out hand and heart, to offer the expertise and the wherewithal to change lives, to bring hope into a bleak future, to meet the needs to which Dr. Falck has dedicated his life, is to fulfill the biblical mandate incumbent upon all Jews: Social Responsibility and the Pursuit of Justice.

In order to begin to explore the origins of this mandate, we must first ask the question: Is there a nexus between Judaism and social responsibility? The answer is: There is no nexus, for a nexus is a link, and a link implies that there is a separation between two distinct factors, a gap that must be bridged by the nexus, the specific commonality. The answer is that there is no distinction between Judaism and social responsibility. However, the practice of social justice does not require that one be Jewish; all may choose to so labor, both as members of a specific religious faith or of none. Good pagans are good people too. The reverse is not true. One cannot be Jewish without seeking social justice. The issue is not what Jews – what we, for I too am a Jew – do. It is who and what we are. Social responsibility does not coexist with Judaism; it is intrinsic to it; it defines us.

In order to understand this concept, we turn to the text. In Judaism all is rooted in and based on the core text, the Torah or the Five Books of Moses, then the accompanying books of the Prophets and the Holy Writings, comprising in totality the Hebrew Bible. The call to justice is contained within two verses of Torah: First in Genesis 1:27, where we are told that we are created *"In the image of God."* What does that mean? The answer is the centerpiece, both literally via its location in the very middle of Torah, in Leviticus 19:2, and ethically as the very foundation of the relationship between God and Jews: *"You shall be holy because I your God am holy."* This is the moral imperative addressed not only to that ancient community of Israelites in the desert, but, by use of the future tense, to us as well throughout the ages and for all times. It is known as the Holiness Code: *"You shall be holy because I am holy and you are created in my image."* This powerful concept is followed immediately by a multitude of laws which govern our conduct from how we treat our parents to how we treat the blind to how we conduct business. And the Torah illuminates this concept, teaches us how to be holy, how to reflect God's image in our deeds and behavior.

The entire Torah, an incredible compendium, is the delineation of this mandate, our marching orders so to speak, both by specific laws and by implication. First the specific laws, the do's and don'ts, the shall's and shall not's, very easy to find, all 613 of them, known as mitzvah or commandments. The Ten Commandments, given twice, comprise but a tiny portion of the body of law. Many of the 613 mitzvahs pertained only to the priests, to life as nomadic people, to the ritual sacrifices offered at the tabernacle in the desert and at the temples in Jerusalem; they are therefore now inoperative as written.

However, many of these obsolete laws, upon close examination and by interpretation, become derivative, providing us with guidelines for our lives today. Examples are abounding. The list of acceptable ritual sacrifices included large animals, small birds, and finally even a bit of flour. It was stipulated that each person bring according to the ability to pay, without stigma, so that those of modest means and those who were poor had the same access as the wealthy to the services of the priests. The right to approach God – the purpose of sacrifices – could be denied to none. Today we provide services on many different fronts to fulfill needs regardless of the ability to pay, sometimes with a sliding scale, often with no fee, understanding that economic condition must not govern access; this is our version of an ancient law. Today we fund services via grants and donations, private, corporate, and governmental. Then consider the requirement in that ancient agrarian society of leaving the corners of the fields unreaped, some grapes on the vines, fallen fruit on the ground, all so that the hungry would be fed. That mandate is still operative today, although fulfilled differently. Only the fields in which we labor have changed.

And as final example, there were some very different laws, rituals to heal the sick, particularly, when there was visual evidence of sores or lesions or leaking body fluids of any kind. Those who suffered were separated from others, kept apart because of fear of contagion, in order to protect the community at large long before anyone understood disease control. This was the forerunner of antibiotics, quarantines and hospital isolation units. Then there were laws governing houses as well – sick houses with discolorations and streaks, houses with a plague, tended to by the priests who could even demolish a house they could not cure. Today we have more than our share of housing, especially for the poor, in complete violation of our building and fire codes, and slumlords require constant vigilance. Fungus and mold attack many of our buildings, and lead paint still maims our children. These seemingly obsolete laws are, upon scrutiny and an updated interpretation, applicable today. The devastation of hurricane Katrina and its aftermath have made abundantly clear that sick houses are still with us.

The Torah teaches us that the earth, our habitat, is but lent to us by God. We are its caretakers, not owners, and so we must tend and not abuse our planet. This is the genesis of the plethora of environmental mandates that we as Jews have taken on. We continue to speak out about ecology and global warming. We call for and instituted energy and global warming. At the local level, we called for and instituted energy saving plans in our homes and congregation long before rising fuel costs made such plans an economic necessity. Temples have switched to new energy efficient light bulbs; they recycle paper, metal and glass. Parents are asked to turn their car engines off while waiting to pick up children in school parking lots.

We are not permitted to waste God's gifts. The proper care of new fruit trees was regulated. For the first three years following planting, no fruits could be harvested. In the 4th year a portion of the fruit was given as a sacrifice. It was only after five years that the fruit could be picked and eaten. Again, God's trees are precious and must be allowed to take root and flourish before we may share their bounty. According to the laws governing the Sabbatical Year, the land had to lie fallow every 7th year for purposes of rest and renewal, a practice validated by contemporary agronomy. And according to the laws of the Jubilee or 50th year, all property had to return to its original owners. This concept, probably never enforced, does however speak to today's concerns about vast land or property holdings.

Social responsibility is bipartite, two-pronged. It requires both hands-on projects and programs and legislative advocacy. Good legislation is the only way to bring about lasting and effective change. But good legislation takes a long time, years of advocacy, study, planning, writing, urging, while too many lives can fall through the cracks, be wasted or ruined while the process evolves. So at the same time, as you well know right here, we must create and fund programs that reach out and provide the help needed to save or change lives while we wait. Make no mistake, as important and as vital as these programs are, they are but band-aids, temporary solutions that must be applied and reapplied. We require initiatives at the federal, state and local levels of government. Otherwise we will never truly move forward.

Name an issue, any issue, and you will find us not only in the forefront, but behind the scenes and among the workers as well. We are both the leaders and the troops. In 1962, the Reform Jewish movement established its Religious Action Center, the RAC, in Washington D. C., the seat of the US government. The name itself is instructive: Not a *social action* center but a *religious action* center, defining who and what we are as Jews. This is the center of our legislative advocacy. Congregants and clergy are taught and involved, legislative phone bank networks established. Groups of our youth come from all over the country for long weekends to study the issues that confront and confound us. Then, they go to the Capitol, the Congress, to meet with their senators and representatives. They learn and practice what it means to be Jewish and seek social justice. The RAC is a model and a gathering place for many denominations, faith groups and coalition partners. In fact the mighty Civil Rights Act of 1964 was hammered out and written at its tables. Its director, David Saperstein, rabbi, attorney, law professor at Georgetown University Law School, Washington, DC and my personal icon, burns with a passion for social justice. Known and respected by all on the Congress, even by those who disagree with him, he is called for good reason the 101st senator. I quote him: *"Infusing a sense of God's presence into every aspect of our lives remains at the core of our religious values and identity."*

I can highlight only a very few of the issues on our agenda, issues that you too confront at the William Byrd Community House. Domestic and sexual abuse of woman and children, a major cause of violence, fear, injury and permanent damage, both physical and psychological, within the home and the family, an expression of rage and anger that recurs and all too often is transmitted to the next generation. For many years we Jews lived in denial, believing in the myth of a stereotypical blue collar or unemployed, beer drinking, alcoholic, loud mouthed, undereducated, ethnic minority, abuser and batterer. In 1985 my own organization, Women of Reform Judaism (WRJ), published the ordination thesis of our late beloved Rabbi Julie Spitzer *"When Love is Not Enough: Domestic Abuse in Rabbinic and Contemporary Judaism"*, proof that the Jewish community is a microcosm of the community at-large. Domestic abuse crosses all ethnic, economic and cultural divides.

To accept social responsibility is to acknowledge both truth and shortcomings in order to effect change. As a Jewish women, and because women tend to be the primary victims, we knew we had to lead the way out of denial, and so we began a campaign to educate ourselves, our leaders, our congregations, and our youth. We held programs and seminars. We begged our rabbis to speak out from the pulpit and ask abused women and children to come for help, with the promise that they would never tell the battered to go home and serve dinner on time. It took ten years for the acknowledgment that domestic abuse is also a Jewish problem. Finally, not only our Reform Jewish community but the orthodox one as well was ready to seek solutions. Once abuse was no longer a hidden, never-to-be-mentioned embarrassment, Jewish support groups, safe houses, and shelters were established. We spoke to our daughters about acquaintance and date rape at home and on college campuses, and to our sons as well, for they could become rapists. And then we went a step further, going public to dare raise the specter of sexual abuse of children, incest and pedophilia in Jewish homes by Jewish families, knowing this would be the only way to bring about change and healing.

At the same time we also accepted the responsibility to help change the law of the land for the community at-large. In the late 1980's a national task force was formed and Women of Reform Judaism was among its founding. This was before emails, even before faxes, and so we met in person in Washington to brainstorm and to craft legislation. Senator Joe Biden of Delaware made the Violence Against Women Act, VAWA, his signature piece of legislation. As time passed more and more groups added their voices to the task force, each representing an affected population or geographic entity. The longer we met the more we realized the complexities that had to be addressed. To name a few: Violence in parks and on public land, lighting in public places, prevention of attacks and rapes on college campuses, Native American reservation issues, abuse of the elderly, women in the military, training of police forces, education of the judiciary, special problems of immigrant women who held green cards through their spouses, restraining orders, safe houses, women's shelters, rules to protect children during abusive parent visits, and so many more. And the legislation had to provide for the funding of each of these. Truth be told, VAWA was about dollars. Once the bill was dropped, sent to the Senate and the House, we went to work, asking our congregants to let Congress know their expectations, drumming up additional supporters to accomplish passage. In 1994, VAWA was enacted into law, funding these many provisions. And after we celebrated, we immediately began working on VAWA II with additional fine tuning and continued funding, a requirement every few years. The task is ongoing.

Three programs, in which we as Reform Jews and even more specifically we as WRJ participate, are very meaningful to your programs and priorities at the William Byrd Community House. All three are associated with our participation in the Religious Coalition for Reproductive Choice (RCRC), of which we were a founding member in 1973 and where we and I sit as a member of its Council of Governors. The coalition began with a focus on the right to choose abortion free of government restriction. Today it has a much broader agenda focusing on multiple aspects of reproductive health. Within the African American community teen pregnancy soared. The Coalition took on this issue as part of its National Black Church Initiative, an outreach to the black religious community through its churches. Knowing that when black people have problems they take them to their churches, the Coalition held its 1st Black Summit on Sexuality. The 12th annual summit will occur in July 2008. Each year somewhere between 700 and 1000 black clergy, laity and teens from all over the US attend the four day conference, in separate tracks for adults and teens, to listen to preeminent black leaders and preachers and to participate in dialogues and workshops on subjects that at one time were taboo, never broached in the pulpit or in the classroom: The intersection of religion and sexuality, teen pregnancy prevention, relationships, faith based sexuality education, sexual ethics, sexual and domestic violence, HIV, AIDS and sexually transmitted diseases, reproductive health, and finally the black Gay, Lesbian, Bisexual and Transgender community, one of the most difficult issues for the black church to address. These summits have made an enormous difference among black teens as regards to pregnancy rate and willingness to be sexually responsible. Honesty and truth from the pulpit are accomplishing wonders except, interestingly enough, among the most elderly laity.

The Coalition began the Initiativa Latina, an outreach to the Hispanic community, several years ago. The program has moved much more slowly than anticipated because we discovered that the various Hispanic communities are completely diverse not only culturally, but linguistically as well. Printed materials for one group are useless elsewhere. Mores differ from one group to the next, depending on their country of origin. We have two strong programs operating, but had hoped for far more by now.

The 3rd program of which I would like to speak is not domestic but global. In Cape Town, South Africa the Coalition established and funds *"Keeping It Real!"* a teen sexuality education program to intervene in the HIV/AIDS pandemic on that continent. Because South African law does not mandate the separation of church and state, this educational endeavor is part of the school curriculum and is making a difference. Earlier this month at our Council meeting, President Carlton Veazey announced plans to expand our presence to other communities in that country and asked for any resources we might have there. And it so happened that I was able to link him up with one of our sisterhood women, a powerful activist from another city whose specialty is HIV/AIDS and who will be in Cape Town next month at the time of his visit. I have no doubt that something positive will emerge.

I have referred to sexuality education in speaking of the Coalition. Beyond that, the subject is very important to Reform Jewish women as a part of our seventy years of advocacy on behalf of reproductive rights. While there is certainly value in teaching that abstinence is the only absolutely sure method of contraception, we do not support ignorance in any disguise. At the same time all young people must also be taught about safe sex, about the proper use and purpose of condoms, and about the best means to avoid unintended pregnancies. Promises to abstain are usually unsustainable and therefore dangerous, and the head in the sand mentality is not an acceptable alternative to knowledge. The safety and well-being of our daughters and of our sons is paramount. It is for the same reason that we support unrestricted access of minors to all reproductive health services without either parental notification or consent. And we are adamant supporters of the need for emergency contraception to be available upon demand and for pharmacies and pharmacists to provide immediate access to all contraceptive prescriptions. The conscience clause may be invoked only, if a second person is standing by whose conscience dictates otherwise. So too do we support and call for global funding of contraceptives so that women worldwide will be able to plan their families, avoid multiple unwanted pregnancies, and achieve a greater measure of economic freedom and stability. These too are matters of social responsibility.

We are all aware of the havoc brought about by poverty. Providing food, safe housing and health care must be not a priority, but a given for all people. In our world of great riches, we must return to the biblical values and morality to which we give lip service. When hurricane Katharina hit, there was a rush to fund or even to go to New Orleans to build or rebuild housing. The needs still exist and I read regularly of Jewish groups on missions to do just that. We are all familiar with the lack of affordable housing in our cities and yet every year more and more people are displaced and fewer and fewer residences set aside for them. At the same time many of our congregations have purchased residences to offer as halfway or transitional housing for families and individuals that need an extra boost to help them lift themselves out of poverty.

To feed the hungry is required of us. In 1985, a Reform Jew of great vision and compassion, Dr. Leonard Fein, founded a national nonprofit agency to collect donations from the Jewish community and allocate the funds to prevent and alleviate hunger among people of all faiths and backgrounds worldwide. It is called simply mazon, the Hebrew word for food. It carries as its tag line "*A Jewish Response to Hunger.*" For over twenty years individual Jews and congregations have pledged 3% of the cost of the food served at their celebratory meals. That 3 % is now automatically written into the price of virtually every meal served at every Reform temple, at all life cycle events and parties, and at all conventions and meetings. Innovative grants have funneled the millions of dollars collected over the years into programs that have put mazon at the forefront of the international anti-hunger movement. Yet we still see pictures of severely malnourished children and adults, and hunger is still a problem in this country as well.

Education is the key to lifting the next generation out of poverty into productivity. We can no longer afford children coming to school unfed, school dropouts, illiteracy, schools unable to reach and teach children, children dealing and using drugs, children carrying guns and shooting each other, children on the streets at all hours and out of control because there is no adult at home. We are losing a part of our future. So we Jews lobby long and hard for mentoring programs, gun control legislation, preschool education, day care, after school supervised activities and child care, teachers who are skilled, creative and innovative, funding for school breakfasts and lunches, classes in parenting skills for those who need them, grants for higher education. Doing well in school must be a goal, not a stigma.

When it was discovered, that a higher than expected proportion of Jewish women are vulnerable to a particularly virulent breast cancer gene, we immediately initiated an educational alert. We in the Washington metropolitan area partnered with the staff of the Cancer Institute of the National Institutes of Health to test as many women as possible in an effort to learn more about this potential killer. We insisted on and lobbied for overnight hospital stays after mastectomies. Health care issues have always been on front burner for us. We oppose genital mutilation of girls in the Middle East and Africa, and we oppose self-mutilation, cutting and slashing, that we are seeing among our young women right here. We are developing programs, involving physicians and other health care professionals, to help restore them to healthy behavior. Mental health too is a priority. We are taught that we, our bodies and our minds, need to rest every 7th day, each Sabbath, to unwind and to seek renewal for the tasks ahead. Apparently stress was understood millennia ago even if not so called.

One of the most important concepts in the Torah is that of the stranger, sometimes designated the resident alien. We are reminded repeatedly that we must care for the stranger among us as for ourselves, for we too were strangers in the land of Egypt. We will repeat that phrase in less than a month as part of our Seder ritual at Passover. It is very compelling, and we are never permitted to forget it. As Jews we have a long history of being cast out or being the "*other*", being viewed and treated as aliens, encountering discrimination in what we had thought was our own land. Is this not also a message about how we treat immigrants who have come to this country, sometimes legally and sometimes not, in search of a better life for themselves and their families? It has become a very thorny and contentious subject, but the ethical mandate is clear and social justice must be served, if we are to remain true to our Judaism.

How we treat the handicapped among us or those with disabilities, was in biblical times and is now a matter of serious concern. We are specifically forbidden to place a stumbling block in the path of one who is blind. This of course translates by extension into an injunction against all manner of impediments for all kinds of disabilities. It put us in the forefront of the lobbying effort to gain passage of the Americans with Disabilities Act. It has brought about wherever possible the renovation of our congregational facilities to make them handicapped accessible. Ramps and elevators have been installed and bathrooms redesigned. Special parking spaces have been designated and doorways enlarged. However, in truth, who among us is perfect and without blemish or flaw, if not physical, then of character? Who among us is not blind to something? Our vision, figurative if not literal, has so many blind spots. In reaching out to those with disabilities, we are also reaching in to ourselves. When we fulfill the mandate to be responsive to the needs of others, we perhaps diminish the number of our personal blind spots.

I have neglected far more areas of social responsibility than I have addressed. The Torah is so all encompassing in its view of how we live and how we behave that it is impossible to do more than highlight a tiny fraction of what is covered. And as I have tried to convey to you, even the seemingly arcane can be interpreted in terms of contemporary life. Judaism is distinguished by its activism. It is not contemplative. Lives are not spent behind locked doors or in a prayer mode. There is no hiding from the world around us. We have neither convents nor monasteries to which we can retreat. We are required to reach out to humankind, to perform acts of tikun olam, the repair of our world. This is our God given mandate for social responsibility and for social justice, to leave our world better than we found it.

On the holiest day of the year, Yom Kippur or the Day of Atonement, we read the words of Deuteronomy, God's covenant with us, the requirement to obey the Divine commandments, to be holy, to choose the blessing of life and to reject the curse of death and evil. And then we hear the thundering voice of the prophet Isaiah: "*Fasting on this day unaccompanied by acts of social justice will bring no forgiveness.*" Self-affliction accompanied by acts of injustice will serve for nothing. God will answer us only when we accept and obey the Divine mandate. I again quote Rabbi Saperstein: "*It is that command to be holy that calls us to a partnership with the Divine to make God's vision of justice and peace real here on Earth, to create a better and more hopeful future for all God's children.*"

During the 2nd half of the 19th and the beginning of the 20th century, a Jewish woman, a social worker and health care reformer established a nursing center for the poor in New York. She was responsible for sending physicians into the schools. Lillian Wald, a true visionary, established the first system of visiting nurses in the world, and she founded the Henry Street Settlement House.

Here at the William Byrd Community House you too are transforming that partnership between us and God into reality with the programs that you have created and established to serve the inner city disenfranchised. Tonight we honor the role, work, contributions and commitment of Professor Dr. Hans S. Falck. His life through his work, service and vision, is a testimony to our Jewish mandate for social justice and social responsibility. He has devoted his life to the pursuit of the repair of our world, and we and those who are served by the William Byrd Community House are deeply grateful.

Die Autorinnen und Autoren

Marcus Hußmann, Jahrgang 1970, Dr. phil. (Erziehungswissenschaft), Dipl. Sozialarbeiter und Sozialpädagoge, Diakon, Krankenpfleger, Professor für Sozialarbeitswissenschaft an der Evangelischen Hochschule Dresden. Arbeits- und Forschungsschwerpunkte: Kinder- und Jugendhilfe, Strukturen und Theorien der Sozialen Arbeit, sozialräumliches Handeln, Lehr-, Hochschul- und Organisationsentwicklung.

Timm Kunstreich, Jahrgang 1944, Dr. phil., Sozialwissenschaftler, emeritierter Professor für Theorie und Methoden Sozialer Arbeit an der Evangelischen Hochschule für Soziale Arbeit und Diakonie, Hamburg. Arbeitsschwerpunkte: Geschichte und Strukturen Sozialer Arbeit, sozialräumliches Handeln, Partizipation als dialogisches Arbeitsprinzip.

Susanne Maurer, Jahrgang 1958, Dr. phil. habil., Diplompädagogin, Professorin für Erziehungswissenschaft/Sozialpädagogik an der Philipps-Universität Marburg. Arbeits- und Forschungsschwerpunkte: Theorie-Praxis-Verhältnisse in der Sozialen Arbeit und in Sozialen Bewegungen, Gesellschafts- und Geschlechtergeschichte Sozialer Arbeit, feministische (Erkenntnis-)Theorie und Praxis, körperreflexive und achtsame Soziale Arbeit.

Regina Rätz, Jahrgang 1970, Dr. phil., Diplom Sozialarbeiterin und Sozialpädagogin, Soziologin, Professorin für Soziale Arbeit an der Alice Salomon Hochschule Berlin. Arbeits- und Forschungsschwerpunkte: Gesellschaftlicher Wandel und Soziale Arbeit, Bürgerschaftliche Professionalität, Kinder- und Jugendhilfe, insbesondere Flexible Erziehungshilfen und Gemeinwesenentwicklung, Biografische Fallrekonstruktionen und Biografiearbeit.

Heinz Sünker, Jahrgang 1948, Dr. phil., M.A., Studienassessor, Professor für Sozialpädagogik und Sozialpolitik an der Bergischen Universität Wuppertal. Arbeits- und Forschungsschwerpunkte: Kritische Gesellschaftstheorie und Gesellschaftspolitik, Theorie und Geschichte Sozialer Arbeit, Nationalsozialismus und Widerstand, Kinder- und Jugendhilfe, Kinder- und Jugendforschung, Kritische Bildungstheorie, Heinrich Heine.

Susanne Zeller, Dr. phil., Krankenschwester, Dipl. Sozialarbeiterin, Erziehungswissenschaftlerin. Von 1991–2014 Professorin für Theorien, Berufsethik und Professionalisierungsgeschichte der Sozialarbeitswissenschaft an der Fachhochschule Erfurt/Fakultät für Angewandte Sozialwissenschaften. E-Mail: zeller@fh-erfurt.de